FOUR STORIES
FOR WELSH LEARNERS

Four Stories
for
Welsh Learners

with

Notes and Vocabulary

IVOR OWEN

Editor 'Cymraeg'

First impression 1964

Second impression September 2000

ISBN 0 7074 0340 5

Printed and Published by
GEE & SON, CHAPEL STREET, DENBIGH

BY WAY OF EXPLANATION

THE number of adults learning Welsh as a second language rises every year, and the demand for suitable reading material is constantly growing particularly among those who have been learning Welsh for some time. In order to provide more reading matter, The Welsh Book Societies this year offered prizes for stories up to 5,000 words each suited to these learners. Three of the stories contained in this book were entered for the competition and were awarded prizes.

The stories have been kept as light and amusing as possible, even though the first story begins with the demise of one Jack the Boatman. However, no literary merit is claimed! The emphasis is constantly on sentence patterns and vocabulary. For the most part the stories are based on every day situations and conversations, the vocabularies and sentence patterns of which learners will have become familiar with in the early stages of learning Welsh. The verbal tenses used are the usual tenses of the verb *BOD*—present, future, imperfect and present perfect with occasional examples of the pluperfect (*roedd . . . wedi . . .*)—and the simple past tense and the imperative forms of the more familiar verbs, including the irregulars, *mynd, dod, cael* and *gwneud*. No other verb forms are used except for a few examples of the short form of the present tense of verbs in idiomatic phrases such as *Wn i ddim*. In the last story,

Watsys Aur, however, more complex sentence patterns are introduced, such as the *BOD* construction, and the verb noun construction following certain prepositions (e.g. *Cyn imi fynd*). The notes at the end of the book will be found useful if the reader is not familiar with these constructions.

Learners will already be familiar with the fact that there are considerable differences, particularly in verb forms, between literary and spoken Welsh. The forms used in these stories are those which have become generally accepted as ' standard spoken Welsh ', and which, but for a few exceptions, are those recommended in the booklet *CYMRAEG BYW* (*Living Welsh*) recently published by Llyfrau'r Dryw, Llandybie, on behalf of the Faculty of Education of the University College of Swansea. It would be well worth every learner having a copy of this booklet at his elbow.

Though these stories are primarily intended for adult learners, they will be found very suitable for pupils in the middle forms of secondary schools.

CONTENTS

Y PAROT

TEULU hapus oedd teulu Hywel Morris. Ie, teulu hapus. Ond fe gafodd Hywel Morris barot. Doedd y teulu ddim yn hapus wedyn. Wel, doedd y teulu ddim yn hapus am ddiwrnod neu ddau wedyn. A dyma pam . . .

Un prynhawn daeth Hywel Morris i mewn i'r tŷ. Roedd e'n edrych yn drist iawn.

'Hywel! ' meddai ei wraig Elin. 'Beth sy'n bod? Rydych chi'n edrych yn drist iawn.'

'Jac y Llongwr,' meddai Hywel yn dawel.

'Jac y Llongwr? Ydy e . . . ydy e . . .'

'Ydy, mae e wedi marw.'

'Jac y Llongwr wedi marw! Yr hen Jac wedi marw! Wel, wel! Rydych chi wedi colli hen ffrind nawr, Hywel.'

'Ydw, Elin. Rydw i wedi colli hen ffrind.'

'Pwy sy'n gofalu am y tŷ? '

'Mrs Richards drws nesaf. Mae hi'n gofalu am y tŷ am ddiwrnod neu ddau. Ond fe fyddan nhw'n mynd â . . . fe fyddan nhw'n mynd â Jac lawr i Barlwr Hughes a Jones.'

'Rwy'n gweld.'

'Fydd neb yn y tŷ wedyn. Neb! '

'O, Hywel! '

'Fydd dim eisiau neb. Fe fydd y tŷ'n wag.'

Yn sydyn dyma Mrs Morris yn meddwl am rywbeth.

'Hywel! Y ddau barot! Dau barot Jac y Llongwr! Ydy Mrs Richards drws nesaf yn gofalu amdanyn nhw? '

'Nac ydy.'

'Pwy sy'n gofalu amdanyn nhw? '

'Fi, Elin.'

'Chi, Hywel? '

'Ie, fi sy'n gofalu am y ddau barot nawr. Fe ofynnodd Jac imi.'

Edrychodd Mrs Morris yn ofnus ar ei gŵr.

9

'Ble . . . ble mae'r ddau barot nawr?'

'Yn y garej. Mi fydda i'n dod â nhw i mewn i'r tŷ. Fe fyddi di'n gwneud lle iddyn nhw yn y tŷ.'

'O, na, Hywel. Fyddan nhw ddim yn dod i mewn i'r tŷ. Does . . . does dim lle iddyn nhw yn y tŷ.'

'O, oes, Elin. Fe fyddi di'n gwneud lle iddyn nhw.'

'Na fydda!'

'Y? Be?'

'Dydy'r ddau barot yna ddim yn dod i mewn i'n tŷ ni, Hywel.'

'Pam, Elin? Mae'r garej yn oer iawn. Fe fyddan nhw'n siŵr o farw yn y garej.'

'Dydyn nhw ddim yn dod i mewn i'n tŷ ni,' meddai Elin Morris unwaith eto.

Edrychodd Hywel ar ei wraig.

'Beth sy'n bod arnoch chi, Elin? Roedd Jac yn gofyn imi ofalu am y ddau barot, a nawr mae Jac wedi marw. Felly, mae'n rhaid imi ofalu amdanyn nhw.'

'Dydyn nhw ddim yn dod i mewn i'n tŷ ni.'

'Ond pam, Elin? Pam? Fe fydd lle iddyn nhw.'

'Wyt ti ddim wedi clywed y stori, Hywel?'

'Stori? Stori?'

'Mae pobol yn dweud, os bydd y perchen yn marw, fe fydd y parot yn marw hefyd.'

'O, dyna stori!'

'Gwrandewch eto. Os bydd y perchen yn marw, fe fydd y parot yn marw. A hefyd, os bydd y parot yn marw, fe fydd y perchen yn marw.'

'Wel, dyna stori dwp!'

'Dydy hi ddim yn stori dwp. Mae hi'n stori wir. Mi ddarllenais i'r stori yn y papur.'

'Papur dydd Sul, yn siŵr ichi!'

'Ac rydw i wedi clywed pobol yn dweud y stori hefyd. Os bydd un yn marw—y perchen neu'r parot—fe fydd y llall yn marw hefyd.'

'Wel, chlywais i mo'r stori o'r blaen. Hen stori dwp ydy hi.'

'Na, dydy hi ddim yn stori dwp. Mae hi'n stori wir. Roedd y papur yn dweud . . .'

'O, twt! Mae Jac wedi marw, ond dydy'r ddau barot ddim wedi marw. Maen nhw'n siarad nerth eu pennau yn y garej nawr, yn siŵr ichi. Dewch i weld. Fe fyddan nhw'n siarad nerth eu pennau, fel dwy hen wraig.'

'Dydw i ddim yn dod, Hywel. A dydy'r ddau barot ddim yn aros yma. Mae'n rhaid ichi fynd â nhw i rywle arall.'

'Mynd â nhw i rywle arall, wir! Dydych chi ddim yn gwrando ar hen stori dwp fel honna. Rydw i'n mynd i nôl y ddau barot nawr. Gwnewch le iddyn nhw. Mi fydda i 'nôl mewn munud.'

'Dydyn nhw ddim . . .'

'O, byddwch yn dawel, wir. Rwy'n mynd i'w nôl nhw nawr.'

Ac i ffwrdd â Hywel Morris i'r garej.

Hen stori dwp, meddyliodd Hywel Morris ar ei ffordd i'r garej. Doedd e erioed o'r blaen wedi clywed y stori. Os oedd un yn marw, roedd y llall yn marw. Hy! Stori hen wragedd . . . a'r papurau dydd Sul! Ond eto, roedd Hywel Morris yn teimlo'n ofnus. . . . Wel, tipyn bach yn ofnus. Roedd Jac wedi marw, ond doedd y ddau barot ddim wedi marw. Ond eto . . .

Aeth Hywel i mewn i'r garej.

Roedd y ddau gawell yn sefyll ar lawr y garej a dau liain drostyn nhw—i gadw'r drafft i ffwrdd; roedd hi'n oer yn y garej.

Tynnodd Hywel y lliain oddi ar y cawell cyntaf. Agorodd y parot ei lygaid. Edrychodd e'n ddiog ar Hywel.

'A . . . a,' meddai fe yn ei lais cras.

'"A" i ti hefyd,' meddai Hywel. 'Sut rwyt ti, Poli?'

'Poli! Poli!' atebodd yr hen barot.

'Wel, rwyt ti'n olreit,' meddai Hywel.

'Olreit! Olreit!' atebodd y parot yn ei lais cras.

Aeth Hywel at y cawell arall. Tynnodd e'r lliain.

'Poli!' meddai Hywel.

Ond atebodd y parot yna ddim. Roedd e'n gorwedd yn stiff ar lawr y cawell. Roedd e wedi marw. Oedd, siŵr. Roedd e wedi marw.

Safodd Hywel ac edrych a'i geg ar agor. Roedd ofn yn ei galon. Roedd Jac wedi marw, a nawr roedd y parot wedi marw. 'Os bydd y perchen yn marw, fe fydd y parot yn marw.' Rhedodd y geiriau trwy ben Hywel fel tân. Roedd e wedi dychryn. Dychryn? O, twt! Stori hen wragedd! Cyd-ddigwyddiad! Ond eto, roedd Hywel wedi dychryn. Dododd e'r lliain yn ôl ar y cawell.

Edrychodd e ar y parot arall. Edrychodd y parot yn ddiog arno fe. Doedd Hywel ddim yn siŵr beth i'w wneud nawr. Ond twt! Nid dyn i wrando ar storïau hen wragedd oedd e. Cyd-ddigwyddiad oedd hyn, a dim arall. Roedd e'n mynd â'r parot i'r tŷ. Dododd e'r lliain yn ôl dros y cawell a'i gario fe allan o'r garej i'r tŷ.

Roedd Elin yn y gegin.

'Rydw i wedi dod â'r parot i'r tŷ. Ydych chi wedi gwneud lle, Elin?'

'Aw!' meddai Elin. 'Ewch ag e allan! Dydy e ddim yn dod i mewn i'r tŷ yma. Ewch ag e allan! Rydyn ni'n siŵr o gael anlwc.'

'Anlwc, wir! Peidiwch â siarad yn dwp, wraig. Rwy'n dodi'r cawell ar y llawr yn y cornel yma.'

'Nac ydych ddim. Rydyn ni'n siŵr o gael anlwc, a does dim lle yma. Ewch ag e allan.'

'Mae'n rhy oer yn y garej. Mae'n rhaid imi ddod ag e i mewn neu fe fydd hwn yn marw hefyd. Mae'r llall wedi marw'n barod.'

'Be . . . beth? Y parot arall wedi marw?'

'Ydy, ydy.'

Roedd Hywel wedi dod dros ei ddychryn. Cyd-ddigwydd-iad oedd y cyfan, ac roedd y garej yn oer—yn rhy oer i'r parot. Roedd y ddau barot wedi bod yn byw yn y gegin gyda Jac y Llongwr, ac roedd y gegin yn ystafell gynnes iawn yn nhŷ Jac y Llongwr. Na, doedd Hywel ddim yn teimlo'n ofnus nawr, ond am Elin! Roedd ei llygaid hi'n fawr yn ei phen.

Un ofnus oedd hi bob amser, a nawr roedd y parot wedi marw ar ôl Jac y Llongwr! Iddi hi roedd y stori'n wir—yn wir bob gair.

'Os bydd y perchen yn marw, fe fydd y parot yn marw.' Roedd y stori'n wir yn hanes Jac y Llongwr. Na, doedd y parot yma ddim yn aros yn ei thŷ hi.

'Ewch ag e allan, Hywel,' meddai hi, 'neu fe fydd rhywun yn siŵr o farw yma.'

'Dim ond y perchen,' meddai Hywel, 'a fi ydy'r perchen. Does dim rhaid i chi ofni o gwbwl.'

'Ond rydw i yn ofni. Rydyn ni'n siŵr o gael anlwc.'

'Wel wir, Elin, rydych chi'n dwp. Dyma ni'n byw yn yr Oes Atomig, ac rydych chi'n credu stori fel hon.'

Dododd Hywel y cawell ar y llawr yn y cornel. Tynnodd e'r lliain ac edrych ar y parot.

'Dwyt ti ddim yn credu'r hen stori yma, wyt ti?' meddai fe wrth y parot.

'Na!' meddai'r parot ar unwaith.

Chwerthodd Hywel.

'Ydych chi'n clywed, Elin? Dydy'r parot ddim yn credu'r stori.'

A chwerthodd Hywel unwaith eto.

'Rwyt ti'n aros yma nawr, yr hen barot,' meddai Hywel wedyn. 'Dyma dy gartre newydd di.'

Edrychodd y parot ar Hywel yn ei ffordd ddiog.

'A . . . a . . . Iechyd da! Iechyd da!' meddai fe yn ei lais cras.

'Iechyd da i ti hefyd, yr hen barot,' atebodd Hywel.

'Ydych chi'n clywed, Elin?' meddai Hywel wrth ei wraig wedyn. 'Mae'r parot yn dweud "iechyd da". Fe fydd popeth yn olreit, felly. Fydd e ddim yn marw, a fydda i ddim yn marw.'

Oedd, roedd Hywel wedi dod dros ei ddychryn. Ond nid felly Elin. Roedd hi'n edrych ar y parot ag ofn yn ei llygaid.

'Ach!' meddai hi. 'Ach-y-fi! Hen barot!'

'Ach-y-fi!' meddai'r parot. 'Iechyd da!'

Chwerthin roedd Hywel. Roedd e'n dechrau hoffi'r hen barot, ac meddai fe wrth ei wraig, 'Cofiwch, Elin, mae'r

13

parot yn aros yn y cornel yma wrth y tân. Fe fydd row yma os byddwch chi'n mynd ag e allan i'r garej. Mae'n rhy oer yn y garej.'

Ac meddai Elin, 'Chi ydy perchen y parot. Os bydd e'n marw, chi fydd yn marw nesaf, nid fi.'

'Ach! Peidiwch â siarad fel yna,' meddai Hywel.

'Ach! Iechyd da!' meddai'r parot.

'Cau dy geg!' meddai Elin.

'Fe fydd y plant gartre o'r ysgol cyn hir. Beth fyddan *nhw*'n ei ddweud am yr hen barot yma?' meddai Elin toc.

'Fe fyddan nhw'n hoffi'r parot, fel fi,' atebodd Hywel.

'Hy!' meddai Elin a dechrau gosod y ford.

Roedd gan Hywel ac Elin Morris ddau o blant, Bethan a Dewi. Roedd y ddau yn yr ysgol ramadeg yn y dref—Bethan yn ddwy ar bymtheg oed a Dewi yn ddeuddeg.

Toc, dyma nhw'n dod i'r tŷ o'r ysgol. Dewi oedd y cyntaf i weld y parot.

'Dad! Beth ydy hwn?' meddai fe.

'Parot, wrth gwrs,' atebodd y tad.

'Poli! Poli!' meddai Dewi. 'Edrych, Bethan. Pol-parot! Ydy e'n gallu siarad, Dad?'

'Ydy, ydy. Mae e'n gallu dweud "Iechyd da" ac "Ach-y-fi".'

'Dwed "Iechyd da", Poli,' meddai Dewi.

'Iechyd da!' meddai'r parot.

'Ha! Ha! Ha!' chwerthodd Dewi, a dechrau peswch hefyd.

Edrychodd y fam arno fe.

'Dyna'r hen beswch yna eto, Dewi. Gymeraist ti dy foddion y bore yma, cyn mynd i'r ysgol?'

'Moddion? Y bore yma? O, dydw i ddim yn cofio, mam,' atebodd Dewi.

'Naddo, rwy'n siŵr. Cofia di, mae'n rhaid iti gymryd dy foddion ar ôl te,' meddai'r fam wedyn.

'Hen foddion drwg ydy e, mam. Ac rydw i'n mynd i'r sinema ar ôl te.'

'O'r gorau,' meddai'r fam, 'ond mae'n rhaid iti gymryd dy foddion. Rwy'n dodi'r botel a'r llwy yn barod nawr. Dwy lwy de, cofia.'

'O'r gorau, mam,' atebodd Dewi a pheswch dros y lle.

'Dyna ti eto. Cofia di am y moddion yma.'

Ar ôl te, cododd Mrs Morris a dechrau clirio'r ford.

'Wyt ti'n dod i olchi'r llestri, Bethan?' gofynnodd y fam.

'Ydw, mam.'

Cariodd y ddwy y llestri i'r gegin fach, ond cyn mynd trwy'r drws, meddai'r fam,

'Cofia di'r moddion a phaid ag arllwys dim ar y llawr.'

'O'r gorau! O'r gorau! Rydych chi fel hyrdi-gyrdi, mam,' atebodd Dewi.

'Dewi! Paid â siarad fel yna!' meddai'r tad. Ac meddai fe wedyn wrth ei wraig,

'Rydw i'n mynd lan i dŷ Jac nawr.'

'Tŷ Jac y Llongwr, dad?' gofynnodd Dewi. 'Mae e wedi marw. Roedd y bechgyn yn dweud yn yr ysgol.'

'Ydy, rwy'n gwybod.'

'Wrth gwrs! Y parot! Parot Jac y Llongwr ydy hwn.'

'Ie, parot Jac y Llongwr ydy hwn,' atebodd y tad.

'Roedd gan Jac ddau barot. Ble mae'r llall?'

'Mae e wedi marw.'

'Wedi marw fel Jac. Pŵr dab!'

'Hist, fachgen! Nid dyna'r ffordd i siarad am bobol. Cofia di am y moddion yna.'

Ac fe aeth Hywel Morris allan.

'Mae'n rhaid imi gymryd y moddion yma, sbo,' meddai Dewi wrtho'i hun. 'Ach, y stwff ofnadwy!'

Cymerodd e'r botel oddi ar y ford. Tynnodd e'r corcyn o'r botel a chymryd y llwy. Arllwysodd e dipyn bach o'r moddion i'r llwy.

'Ach!' meddai Dewi ac edrych ar y llwy.

'Ach-y-fi,' meddai'r parot o'i gawell. 'Iechyd da! Iechyd da!'

Chwerthodd Dewi.

'Iechyd da i ti hefyd,' meddai fe, ac aeth i sefyll wrth y cawell.

'Wyt ti'n hoffi moddion?' gofynnodd Dewi wedyn.

'Iechyd da!' meddai'r parot.

Daliodd Dewi'r llwy a'r moddion yn agos at fariau'r cawell —yn agos *iawn* at fariau'r cawell.

'Iechyd da,' meddai Dewi wrth y parot.

'Iechyd da. . . . Ach-y-fi!' meddai'r parot.

Chwerthodd Dewi.

'Dyna un llwyaid wedi mynd!'

Ond y funud honno, pwy ddaeth i'r ystafell ond Bethan.

'Wyt ti wedi yfed dy foddion, Dewi?' meddai hi.

'Paid ti â dechrau hefyd. Rwyt ti fel nhad a mam. Edrych, mae'r llwy'n wag.'

'Dwy lwyaid, cofia. Wyt ti wedi yfed dwy lwyaid?'

'Wel . . . ym . . .'

'Nac wyt. Un llwyaid arall, neu rydw i'n galw mam.'

'Sdim ots gen i!'

Arllwysodd Dewi lwyaid arall o foddion a'i yfed e ar unwaith.

'Ach, y stwff ofnadwy! Dyma'r llwy iti. A nawr rydw i'n mynd i'r sinema. Da bo ti, Bethan.'

A rhedodd Dewi allan o'r tŷ.

Ar ôl golchi'r llestri, daeth Bethan a'i mam 'nôl i'r ystafell. Eisteddodd y ddwy wrth y tân. Toc, aeth Bethan i edrych ar y parot yn ei gawell.

'Poli!' meddai Bethan, ond atebodd y parot ddim.

Edrychodd Bethan arno fe eto. Oedd e'n sâl? Oedd, roedd yr hen barot yn sâl.

'Mam! Dewch yma! Mae'r parot yn sâl, rwy'n siŵr.'

'Sâl? Sâl? Beth sy'n bod arno fe?' gofynnodd y fam, a chodi i fynd i edrych arno fe.

Roedd y parot yn gorwedd ar lawr y cawell, ac yn wir, roedd e'n edrych yn sâl iawn.

'O, diar!' meddai'r fam, a chodi ei dwylo at ei hwyneb mewn ofn. 'O, diar! Diar!'

'Mam! Beth sy'n bod arnoch chi? Pam rydych chi'n

dweud " Diar ! " o hyd? ' gofynnodd Bethan yn ofnus.

' Y stori, Bethan ! Y stori ! Mae'r stori'n dod yn wir.'

' Pa stori, mam? '

' Os bydd y perchen yn marw, fe fydd y parot yn marw hefyd.'

' Dyna ddwli ! '

' Mae Jac y Llongwr wedi marw ac mae un o'r ddau barot wedi marw hefyd.'

' Cyd-ddigwyddiad a dim arall ! '

' O, na, nid cyd-ddigwyddiad. A *vice versa* hefyd. Os bydd y parot yn marw, fe fydd y perchen yn marw hefyd. A nawr mae'r parot yma yn sâl. Fe fydd dy dad yn sâl nawr, yn wir iti.'

' Chlywais i erioed y fath ddwli ! '

' O, mae'n wir. Rwy'n gwybod ! Os bydd y parot yma'n marw, fe fydd dy dad . . .'

' Mam ! Peidiwch ! Sut y gallwch chi ddweud y fath beth? '

' Dweud beth? ' meddai llais o'r drws. ' Beth sy'n bod yma? '

Y tad, Hywel Morris, oedd yno.

' Mam sy'n dweud . . .'

' Dweud beth? '

' Os bydd y parot yma'n marw, fe fyddwch chi. . . . O, dad ! Ac mae'r parot yn sâl nawr. Mae e'n sâl ofnadwy.'

' Na . . . nac ydy ! Stori hen wragedd yw hi,' meddai'r tad, ond roedd e wedi dychryn hefyd.

Fe aeth e i edrych ar y parot yn gorwedd yn sâl ar lawr ei gawell. Aeth wyneb y tad yn wyn.

' Be . . . beth sy'n bod ar y parot? Roedd e'n iawn amser te.'

' Wn i ddim beth sy'n bod arno fe,'·atebodd y fam. 'A dydych chi ddim yn edrych yn dda iawn, Hywel. Eisteddwch yn y gadair yma.'

Eisteddodd y tad. Roedd ei goesau'n teimlo'n wan. Roedd ei ddwylo a'i draed yn oer, ond roedd chwys ar ei dalcen. Roedd ei geg e'n sych.

' Dŵr ! ' meddai fe. ' Dewch â dŵr imi, Bethan. Mae fy ngheg i'n sych fel papur.'

17

' O, nhad! ' meddai Bethan, a mynd i nôl dŵr i'w thad.

Ond ar ôl cael y dŵr, doedd Hywel ddim yn gallu ei yfed. Roedd ei wddw e'n sych, sych, a doedd e ddim yn gallu llyncu'r dŵr o gwbwl.

' Dydw i ddim yn gallu llyncu'r dŵr,' meddai fe mewn llais cras, sych.

' Rydw i'n mynd i ffonio'r doctor,' meddai'r fam.

Ond doedd y meddyg ddim gartre. Roedd e wedi mynd i weld dyn allan yn y wlad. Roedd y dyn yn sâl iawn.

' O, diar! Diar! ' meddai'r fam.

Dywedodd hi ' diar ' lawer gwaith y noson honno!

Eisteddodd y teulu yno am awr . . . am ddwy awr, a doedd y parot ddim yn gwella. Ac felly, doedd y tad ddim yn gwella . . .

Daeth Dewi adre o'r sinema. Fe gafodd e sioc.

Roedd ei dad yn eistedd yn y gadair fawr wrth y tân. Roedd ei wyneb e'n wyn. Roedd chwys ar ei dalcen, ond roedd ei ddwylo a'i draed e'n oer. Roedd e'n edrych yn ofnadwy.

Edrychodd Dewi ar ei fam a Bethan. Roedd y ddwy'n eistedd yn dawel ac yn edrych yn drist, drist.

' Beth . . . beth sy'n bod? ' gofynnodd Dewi'n ofnus.

' Y parot sy'n sâl, ac felly, mae dy dad yn sâl,' atebodd y fam.

' Y parot yn sâl? Nhad yn sâl? ' meddai Dewi.

Aeth a sefyll wrth gawell y parot.

' Poli! Poli! ' meddai fe. ' Dwed " Iechyd da! " Dwed " Iechyd da! " '

' Iechyd da? ' meddai Bethan, a neidiodd hi ar ei thraed.

' Dewi! ' meddai hi wedyn. ' Y moddion! Oeddet ti'n rhoi dy foddion i'r parot? '

' Fy moddion i'r parot? Wel . . . y . . . oeddwn, ond dim ond un llwyaid.'

' Un llwyaid! Nhad! Dyna pam mae'r parot yn sâl. Mae Dewi wedi rhoi llwyaid o'i foddion i'r parot. Dyna pam mae e'n sâl.'

Neidiodd y tad ar ei draed hefyd. Roedd e'n gwella'n

gyflym. Daeth y lliw 'nôl i'w wyneb. Doedd ei draed a'i ddwylo fe ddim yn oer nawr.

'Dyna pam mae'r parot yn sâl,' meddai fe. Doedd ei lais e ddim yn gras nac yn sych nawr.

'Castor oil!' meddai fe wedyn. 'Oes castor oil yma Elin?'

'Oes, oes,' atebodd y fam.

Aeth y fam i nôl y castor oil. Agorodd Hywel y cawell. Agorodd e geg yr hen barot a rhoi llwyaid fach o'r castor oil yn ei geg. Llyncodd y parot. Safodd y teulu wedyn ac edrych ar yr hen barot. Oedd e'n gwella? Oedd, ond roedd e'n ddigon sâl o hyd. Ond ar ôl awr, dyma'r parot yn agor ei lygaid yn ddiog. Awr arall ac fe gododd e ar ei draed. . . . Awr arall wedyn ac roedd e'n gweiddi 'Iechyd da' nerth ei ben!

A ble mae'r parot heddiw? Yng nghornel yr ystafell yn nhŷ Hywel Morris.

Dydy Mrs Morris byth yn sôn am yr hen stori yna nawr.

Y MYFYRIWR NEWYDD

'Dyna fe, yr hen gath. Eistedd di yn y gadair yma nawr. Rydw i'n mynd i dynnu fy mhethau allan o'r bagiau yma, ac wedyn, rydw i'n mynd allan.'

Dododd Dafydd y gath i eistedd yn y gadair, ac wedyn, fe ddechreuodd e ar y ddau fag mawr. Mewn ychydig o funudau roedd dillad a llyfrau dros bob man ac ar ben pob peth yn yr ystafell—dillad ar y llawr ac ar ben y cadeiriau, llyfrau ar ben y piano ac ar y silff ben-tân. Roedd golwg ofnadwy ar y lle.

Myfyriwr oedd Dafydd yn dechrau ar ei ail flwyddyn yn y coleg—yn dechrau ar ei ail flwyddyn yn y llety yma hefyd. Dynes garedig oedd Mrs Thomas, gwraig y tŷ, ac roedd ganddi hi lety da i fyfyrwyr bob amser. Roedd Dafydd yn hoff iawn o'r lle ac o Mrs Thomas.

Edrychodd Dafydd o gwmpas yr ystafell.
'Wel, wir, yr hen gath, mae golwg ofnadwy ar y lle yma. Ond aros di, mewn ychydig o funudau fe fydd y lle yma yn daclus fel Buckingham Palace. Fe fydd y llyfrau yma'n daclus yn y cwpwrdd acw a'r dillad yma i gyd yn daclus yn y llofft.'
A dechreuodd Dafydd ddodi'r llyfrau yn y cwpwrdd. Ond dyna gnoc ar y drws.
'Dewch i mewn,' meddai Dafydd.
Daeth Mrs Thomas i mewn. Edrychodd hi o gwmpas yr ystafell.
'Wel! Wel! Mae golwg ofnadwy ar y lle yma,' meddai hi —yn ddigon caredig, cofiwch. Dynes garedig oedd hi, a doedd hi byth yn colli ei thymer—gyda'r myfyrwyr na neb arall.

'Oes, mae golwg ofnadwy ar y lle yma, Mrs Thomas. Ond fe fydd y lle'n daclus fel palas mewn ychydig o funudau,' atebodd Dafydd.

'Wel, gobeithio, Dafydd,' meddai Mrs Thomas a gwên ar ei hwyneb. 'Ym . . . Dafydd! '

Roedd rhywbeth ar ei meddwl hi.

'Beth sy'n bod, Mrs Thomas? ' gofynnodd Dafydd.

'Mi fydda i'n symud y piano allan o'r ystafell yma heno. Wel, mi fydd Jac y gŵr, a Mr Griffith drws nesaf, yn symud y piano.'

'Symud y piano? O, na! '

'Doeddech chi ddim yn canu'r piano y flwyddyn ddi-wethaf, Dafydd. Wel, doeddech chi ddim yn canu'r piano'n aml.'

'Nac oeddwn, rwy'n gwybod. Doedd gen i ddim amser. Rydyn ni'n dod i'r coleg i weithio, chi'n gwybod, Mrs Thomas. Ond rydw i'n hoffi gweld y piano, ac mae e . . . mae e'n handi iawn i gadw llyfrau arno fe.' Chwerthodd Dafydd.

'Cadw llyfrau, wir.'

'Ond i ble rydych chi'n symud y piano, Mrs Thomas? '

'I'r ystafell gefn. Fe fydd Jac y gŵr a Mr Griffith yn . . . '

'Yn symud y piano heno i'r ystafell gefn. O'r gorau, Mrs Thomas. Mi fydda i'n cadw fy llyfrau ar y llawr.'

Gwenu roedd Dafydd, wrth gwrs.

'O, mae digon o le yn y cwpwrdd. O, ie! Mae peth arall hefyd, Dafydd.'

'Peth arall? Beth nawr, Mrs Thomas? '

'Mi fydda i'n symud y gadair fawr acw heno hefyd. Wel, mi fydd Jac y gŵr . . . '

'A Mr Griffith drws nesaf yn symud y gadair fawr acw. I ble y bydd Jac y gŵr a Mr Griffith drws nesaf yn symud y gadair fawr acw, Mrs Thomas? I ble? I'r ystafell gefn hefyd, Mrs Thomas? '

'Ie, Dafydd, i'r ystafell gefn.'

'Ond beth am Meg y gath? Ei chadair hi ydy honna.'

'Mi fydda i'n symud Meg y gath hefyd.'

'Na, Mrs Thomas! Dydych chi ddim yn symud Meg fy ffrind. A dwedwch, Mrs Thomas, ydych chi'n symud y llenni a'r carped . . . y bwrdd a'r cwpwrdd a . . . a . . . a'r ffender a'r hëyrn tân?'

'O, Dafydd, rydych chi'n colli'ch tymer. Na, fydda i ddim yn symud y llenni na'r carped na dim arall, ond mi fydda i'n symud Meg y gath.'

'Ond pam, Mrs Thomas?'

'Mae Meg yn mynd i gael cathod bach! Dyna pam!'

'O!'

'Ydy, mae hi,' aeth Mrs Thomas ymlaen. 'Rydw i'n cadw Meg allan o'r ystafell yma, neu fe fydd hi'n cael cathod bach yn y cwpwrdd acw neu ar y gadair fawr acw.' Edrychodd Mrs Thomas o gwmpas yr ystafell. 'Does dim lle yn y piano,' gorffennodd hi a chwerthin dros y lle.

Fe chwerthodd Dafydd, ond rhyw chwerthin, 'Ha . . . ha . . . ha . . . ha' oedd ei chwerthin e.

'Ym . . . ie . . . ym . . . ie,' meddai Dafydd wedyn. 'Rydych chi wedi dweud pam rydych chi'n cadw Meg allan o'r ystafell yma, ond dydych chi ddim wedi dweud pam rydych chi'n symud y piano a'r gadair fawr, Mrs Thomas.'

'Wel, Dafydd,' dechreuodd Mrs Thomas ac aros i edrych arno fe, 'mae myfyriwr newydd yn dod yma!'

'Be . . . beth? Myfyriwr newydd? Na, Mrs Thomas!'

'Oes, mae myfyriwr newydd yn dod yma,' meddai Mrs Thomas yn dawel.

'Wel, dydw i ddim yn aros yma. Rydw i'n mynd i chwilio am lety newydd,' atebodd Dafydd. 'Dydw i ddim yn rhannu â myfyriwr arall. Rydw i'n hoffi bod ar fy mhen fy hun mewn llety.'

Roedd Dafydd yn colli ei dymer.

'Peidiwch â cholli eich tymer, Dafydd. Fyddwch chi ddim yn rhannu â'r myfyriwr newydd. Fe fydd y myfyriwr newydd yn mynd i'r ystafell gefn.'

'Gyda'r gadair a'r piano!'

'Gyda'r piano a'r gadair fawr, Dafydd. Fe fydd y myfyriwr newydd yn cymryd miwsig yn y coleg.'

'Ac mi fydda i'n clywed sŵn y piano yna trwy'r dydd a thrwy'r nos. O, na! Dydw i ddim yn aros yma. Rydw i'n chwilio am lety newydd. Ac rydw i'n mynd . . . nawr!'

Aeth Dafydd allan o'r ystafell mewn tymer ddrwg iawn a gadael Mrs Thomas yn sefyll a Meg y gath yn ei breichiau, a dillad a llyfrau dros bob man. Nesaf, dyna ddrws y ffrynt yn cau. BANG!

'Wel, wir,' meddai Mrs Thomas wrthi ei hun, '*mae* e wedi colli ei dymer. Dyna biti. Bachgen neis iawn ydy Dafydd. Ond dyna! Mae e'n hoffi bod ar ei ben ei hun. Ond mae'n rhaid imi gymryd y myfyriwr newydd yma. Rhaid! Rhaid!'

Daeth gwên fach i lygaid Mrs Thomas.

'Biti bod Dafydd yn mynd hefyd. O, twt! Fe fydd e 'nôl mewn ychydig o funudau . . . gobeithio!'

Yr hen wraig garedig!

Ond, na! Ddaeth Dafydd ddim 'nôl mewn ychydig o funudau. Cerddodd e i lawr y stryd ac i'r heol fawr mewn tymer ddrwg iawn. Doedd e ddim yn mynd i rannu llety â neb. Roedd e'n hoffi bod ar ei ben ei hun. Sefyll yn y ciw i fynd i'r ystafell ymolchi bob bore . . . clywed sŵn y piano yna trwy'r dydd a'r nos . . . gwrando ar y person newydd yma'n siarad . . . roedd Dafydd yn gweld digon o fyfyrwyr trwy'r dydd . . . na, doedd e ddim yn mynd i rannu . . . piti hefyd . . . roedd Mrs Thomas mor garedig . . . mor garedig . . . a Mr Thomas hefyd . . . ac mae'r ystafell ffrynt yna'n ystafell fach neis iawn . . . ond doedd e ddim yn mynd 'nôl nawr. Roedd yn rhaid iddo fe chwilio am lety newydd. Ond ble i ddechrau . . . ie, ble i ddechrau? Ble . . . A! Hen lety Dic Williams. Roedd e'n mynd i lety newydd. Roedd e wedi dweud ar y trên ar y ffordd i fyny y prynhawn hwnnw. Roedd Dic Williams mewn llety ar ei ben ei hun.

'Rydw i'n mynd yno,' meddai Dafydd wrtho'i hun.

Ac fe aeth Dafydd i 3 Preachers Row, hen lety Dic Williams. Ond roedd myfyriwr newydd yno'n barod.

'Treiwch Mrs Pritchard, 74 Parish Place,' meddai gwraig y tŷ.

Aeth Dafydd i 74 Parish Place. Roedd dau fyfyriwr yno'n barod a doedd Dafydd ddim yn mynd i rannu. Oedd Mrs Pritchard yn gwybod am le arall? Oedd, meddai hi.

'Treiwch Mrs Price, 29 Shaftesbury Road. Mae hi'n byw

ar ei phen ei hun. . . . Wel, hi a'i gŵr. Fe fydd lle da ichi yno,' meddai Mrs Pritchard Parish Place.

Mynd i 29 Shaftesbury Road . . . curo ar y drws . . . neb yn ateb . . . curo eto . . . neb yn ateb . . .

'Drato!' meddai Dafydd. Oedd, roedd Dafydd mewn tymer ddrwg iawn.

Ond dyna ddrws ffrynt y tŷ nesaf yn agor, a daeth gwraig fawr dew a sigaret yn ei cheg i'r drws.

'Ydych chi'n chwilio am Mrs Price?' gofynnodd y wraig fawr dew.

'Ydw,' atebodd Dafydd.

'Wel, dydy hi ddim i mewn,' meddai'r dew.

'Nac ydy, rwy'n gwybod.'

'Wel, pam rydych chi'n curo'r drws?'

'Wel, dyna gwestiwn twp,' meddyliodd Dafydd.

A dyna'r wraig dew yn mynd ymlaen, a'r sigaret yn ei cheg o hyd—

'Stiwdent ydych chi?'

Cwestiwn twp eto, meddyliodd Dafydd, ac yntau'n gwisgo sgarff y coleg rownd ei wddw.

'Ie, stiwdent ydw i,' atebodd Dafydd.

'Ydych chi'n chwilio am lety?'

'Ydw.'

'Mae lle gyda fi yma,' meddai'r wraig heb dynnu'r sigaret o'i cheg. 'Lle da iawn. Bwyd da . . .'

'Ach-y-fi!' meddyliodd Dafydd.

'Wel . . . ym . . . a . . .' meddai Dafydd. 'Rydw i'n chwilio am le i ddau . . . fi a fy ffrind.'

'Mae lle i ddau yma,' meddai'r wraig.

'Oes e? Wel . . . ym . . . wel . . . na feindiwch nawr. Gw-bei!'

A throdd Dafydd a cherdded yn gyflym allan o'r stryd.

'Ach, yr hen beth dew,' meddai fe wedi troi'r cornel.

Erbyn hyn roedd Dafydd wedi cael digon ar chwilio am lety newydd. Roedd e wedi cerdded o Preachers Row i Parish Place, o Parish Place i Shaftesbury Road . . . Roedd ei draed e wedi blino. . . . Cwpanaid o goffi. . . . Wel, ie.

'Rydw i'n mynd i Gaffe Gifford. Fe fydd rhai o'r bechgyn yno. Fe fyddan nhw'n gwybod am lety newydd.'

I ffwrdd ag e i Gaffe Gifford, ond araf, araf iawn roedd e'n cerdded. . . . O, ei draed e . . . a'i goesau . . . roedden nhw wedi blino; wedi blino ar ôl yr holl gerdded . . .

Ond dyna Gaffe Gifford o'r diwedd, ac i mewn â Dafydd. Ond doedd dim un stiwdent . . . dim un myfyriwr yno. Ble roedd yr holl fechgyn?

'Coffi,' meddai Dafydd yn ddigalon wrth y dyn y tu ôl i'r cownter. Bymbl roedd y myfyrwyr i gyd yn galw'r dyn.

'O.K.' meddai Bymbl.

'Ble mae'r bechgyn heno?' gofynnodd Dafydd iddo fe wedyn.

'Maen nhw wedi bod . . . a nawr maen nhw wedi mynd,' atebodd Bymbl. 'Ond beth sy'n bod arnoch chi? Rydych chi'n edrych yn ddigalon iawn. Golwg ofnadwy arnoch chi. Wedi blino?'

'Rwy'n chwilio am lety newydd.'

'Llety newydd? Wedi cael cic owt?'

'Na. Stiwdent newydd yn canu'r piano trwy'r dydd a'r nos.'

'Trwy'r dydd a'r nos? Ond dyma ddiwrnod cyntaf y flwyddyn newydd yn y col.'

'Wel, fe *fydd* y myfyriwr newydd yma'n canu'r piano trwy'r dydd a'r nos.'

'Fel hyrdi-gyrdi.'

'Ie.'

'Wyth geiniog, os gwelwch chi'n dda. Diolch.'

Cymerodd Dafydd ei gwpanaid o goffi a mynd i eistedd wrth un o'r byrddau. Roedd e'n edrych yn ofnadwy, meddai Bymbl. Roedd e'n teimlo'n ofnadwy hefyd. A doedd e ddim yn gwybod beth i'w wneud. Roedd e wedi colli ei dymer gyda Mrs Thomas, a nawr doedd ganddo fe ddim llety. Na, doedd e ddim yn gwybod beth i'w wneud. Dechreuodd droi ei goffi.

'Drato!' meddai fe'n dawel wrtho'i hun gan droi a throi ei goffi.

'Rydych chi wedi troi digon ar y coffi yna nawr,' meddai Bymbl o'r tu ôl i'r cownter.

Ond dyna ddrws y caffe'n agor a merch yn dod i mewn. Edrychodd Dafydd yn slei fach arni hi. Roedd hi'n gwisgo sgarff y coleg ond roedd ei hwyneb hi'n newydd. Rhyw *fresher* fach ddiniwed, meddyliodd Dafydd. Ie, *fresher*. Roedd cês ganddi hi. Newydd gyrraedd, mae'n siŵr. Dechreuodd Dafydd yfed ei goffi.

'Coffi, os gwelwch yn dda,' meddai'r '*fresher* fach ddiniwed' wrth Bymbl.

'O.K.' atebodd Bymbl. 'Stiwdent newydd?'

'Ie, stiwdent newydd ydw i.'

'Aros yn yr hostel?'

'Na, rydw i'n aros gyda modryb.'

'Modryb? Fe fydd yn rhaid ichi fod yn ferch fach dda.'

'O, na. Mae modryb yn gwd sbôrt. Ond dydy hi ddim yn hoffi smocio.'

'Wyth geiniog . . . diolch. Chi'n smocio?'

'Wel . . . rhyw bump neu chwe sigaret y dydd. Ond rydw i'n mynd i gael smôc fach gyda'r coffi yma, ac wedyn . . .'

'Peidio â smocio?'

'Ie.'

Wrth gwrs, roedd Dafydd yn ddigalon iawn . . . yn teimlo'n ofnadwy . . . ond roedd yn rhaid iddo fe wrando ar y siarad rhwng Bymbl a'r '*fresher* fach ddiniwed'. Doedd hi ddim mor ddiniwed chwaith! Smocio? Jiw! Jiw! Cymerodd hi ei chwpanaid o goffi a dod i eistedd wrth y bwrdd nesaf at Dafydd. Edrychodd Dafydd arni hi—yn slei fach, wrth gwrs. Wir! Doedd hi ddim yn ddrwg o gwbwl. Dim o gwbwl! DIM . . . O . . . GWBWL! Gwallt du, du a llygaid! O, y llygaid yna! Roedden nhw'n dywyll, dywyll a chwerthin yn fflachio ynddyn nhw. 'O, bert! BERT!' meddai Dafydd wrtho'i hun.

'Mae'n rhaid imi siarad â hon,' meddai fe wrtho'i hun.

'Rydych chi . . . rydych chi'n newydd yma,' dechreuodd Dafydd . . .

Trodd y ferch i edrych arno. Fflachiodd y llygaid. Agorodd y gwefusau mewn gwên hyfryd. Dechreuodd pen Dafydd droi fel top. Troi . . . troi. . . . Whiw, roedd hi'n bert!

Edrychodd Dafydd arni hi a'i geg yn agored, ond doedd dim geiriau'n dod. O bell, fe glywodd e lais fel clychau'n dweud,—

'Ydw, rydw i'n newydd yma. Myfyriwr newydd.'

Tawelwch mawr wedyn, ac yna'r llais fel clychau o bell unwaith eto,—

'Peidiwch ag edrych arna i fel yna. Rydych chi'n edrych yn ofnadwy.'

Daeth Dafydd ato'i hun.

'Be . . . beth? Beth ddwetsoch chi?' gofynnodd Dafydd.

'Peidiwch ag edrych arna i fel yna. Dyna beth ddwedais i.'

'O . . . ie . . .'

'Edrychwch,' meddai'r clychau wedyn. 'Mae gen i ddwy sigaret. Un i mi ac un i chi. Cymerwch.'

'O . . . ie. . . . Sigaret . . .' meddai Dafydd druan. 'Diolch . . . diolch yn fawr . . . diolch yn fawr iawn.'

Cymerodd e'r sigaret heb dynnu ei lygaid oddi ar ei hwyneb.

Edrychodd yr un bert arno fe.

'Hei, beth sy'n bod arnoch chi?' meddai'r ferch, ac roedd y clychau'n swnio'n grac ofnadwy nawr. 'Oes matsen gyda chi?'

'Matsen?'

Daeth Bymbl o'r tu ôl i'r cownter.

'Dyma fatsen,' meddai fe gan chwerthin. Roedd e'n gwybod beth oedd yn bod ar Dafydd.

'Dyma chi,' meddai fe a dal y fatsen wrth sigaret y ferch.

'Diolch,' meddai hi a chwythu mwg dros y lle. 'Diolch yn fawr.'

Daliodd Bymbl y fatsen wedyn o dan drwyn Dafydd. Neidiodd Dafydd. Dododd e'r sigaret yn ei geg. Caeodd ei geg am y sigaret.

'Diolch,' meddai fe wedyn a chwythu mwg dros y lle. Aeth Bymbl nôl i'w gownter.

'Ac rydych chi'n newydd yma. Eich blwyddyn gyntaf,' meddai Dafydd wrth y ferch.

'Ie, fy mlwyddyn gyntaf. Rydych chi'n hen ddyn, mae'n siŵr.'

'O, na, ddim yn hen. Ar fy ail flwyddyn.'
'Dydych chi ddim yn hoffi'r coleg.'
'Hoffi'r coleg? Ydw, wrth gwrs.'
'Roeddech chi'n edrych yn ddigalon iawn yn eistedd yma ar eich pen eich hun.'
'Wel, dydw i ddim yn eistedd ar fy mhen fy hun nawr. Rwy'n dod i eistedd wrth eich bwrdd chi.'
'Wel, dewch.'
Aeth Dafydd i eistedd wrth fwrdd yr un bert.
'Dewch â'ch coffi hefyd,' meddai'r ferch, ac roedd clychau ei llais yn canu unwaith eto.
'O, rwy'n dwp,' meddai Dafydd gan gymryd ei goffi.
'Dwedwch,' meddai'r ferch wedyn, 'pam roeddech chi'n ddigalon.'
'Rydw i wedi bod yn chwilio am lety newydd.'
'Does dim llety gyda chi?'
'Nac oes. Mi gollais i fy nhymer y prynhawn yma a cherdded allan o'r hen lety.'
'Pam?
'O, roedd gwraig y tŷ'n symud y piano allan o f'ystafell i, ac un o'r cadeiriau mawr. Rhyw fyfyriwr newydd yn cael yr ystafell gefn ac yn cymryd miwsig yn y coleg. Meddyliwch am rywun yn canu'r piano yna trwy'r dydd a'r nos.'
'Ie, meddyliwch!'
'Rydw i wedi bod yn chwilio am lety newydd. Rydw i wedi blino ar ôl eerdded holl strydoedd y dref yma, a hynny heb ddim lwc.'
'Dim lwc! Be wnewch chi nawr?'
'Wn i ddim, ond beth am gwpanaid arall o goffi?'
'Na, dim diolch. Mae'n rhaid imi fynd. Fe fydd modryb yn aros amdana i.'
Cododd yr un bert yn barod i fynd.
'O, ie. Rydych chi'n aros gyda'ch modryb. Ble mae hi'n byw? Rydw i'n cario'ch bag chi.'
'Na, wir, diolch yn fawr. Rydych chi wedi blino.'
'Rydw i'n cario eich bag. Ble mae'ch modryb yn byw?'
'27 Heol y Môr.'
'27 Heol y Môr?'

'Ydych chi'n gwybod am y lle?'

'Wel . . . ydw. Mrs Thomas sy'n byw yno . . . ym . . . rwy'n meddwl. Gwraig garedig iawn . . . a Mr Thomas hefyd. Dyn caredig iawn.'

'O!'

'Ym . . . ydych chi'n cymryd miwsig yn y coleg?'

'Ydw. Miwsig, Cymraeg a Ffrangeg. Pam rydych chi'n gofyn?'

'O, dim . . . dim. Dewch nawr. Mi fyddwn ni yn 27 Heol y Môr mewn ychydig o funudau. O, ie, beth yw'ch enw chi?'

'Marjorie . . . Marjorie Thomas,' atebodd y ferch. 'Eich enw chi?'

'Dafydd Jones. Dewch . . . Marjorie!'

Cymerodd Dafydd ei bag . . .

'Da boch,' meddai Bymbl. 'Dewch eto!'

'Rydyn ni'n siŵr o ddod,' atebodd Dafydd wrth fynd trwy'r drws.

'Rydyn ni?' meddai Marjorie.

Roedd ei llygaid hi'n dawnsio.

'Siŵr iawn,' meddai Dafydd.

Mewn ychydig o funudau roedd Marjorie a Dafydd yn Heol y Môr.

Safodd Dafydd wrth rif 27.

'Dyma ni, Marjorie. Dyma'ch cartre newydd chi.'

Agorodd Dafydd y drws, a hynny heb guro!

'I mewn â chi,' meddai fe.

Edrychodd Marjorie arno fe. Wel, wrth gwrs! Roedd hi'n deall. Dyma hen lety Dafydd!

'Mrs Thomas! Mae'ch myfyriwr newydd chi wedi dod,' gwaeddodd Dafydd dros y lle.

A dyma Mrs Thomas yn dod.

'Marjorie!' meddai hi.

'Modryb!' meddai Marjorie, a dyma'r ddwy ym mreichiau ei gilydd.

Yna, trodd Mrs Thomas at Dafydd.

'Ydych chi wedi cael llety newydd?'

'Llety newydd? Pam, Mrs Thomas? Ydw i'n cael cic owt?' gofynnodd Dafydd yn ddiniwed iawn.

29

'Rydych chi wedi bod yn chwilio am lety newydd . . .'

'Fi'n chwilio am lety newydd, Mrs Thomas? A gadael y lety yma? Y lety gorau yn y dref! O, na, Mrs Thomas, dydw i ddim yn chwilio am lety newydd. Mae'r ystafell ffrynt yma'n ystafell hyfryd iawn, gyda'r piano, neu heb y piano, a heb y gadair fawr a heb Meg y gath.'

'Ond roeddech chi'n dweud, Dafydd. . . . Wir, dydw i ddim yn deall . . .'

Na, doedd Mrs Thomas ddim yn deall, ond roedd Marjorie'n deall, ac roedd clychau ei chwerthin yn canu'n hyfryd yng nghlustiau Dafydd . . .

NEWID EI FEDDWL

BRYN-Y-BLODAU. Dyna enw'r tŷ. Enw tlws ar dŷ tlws. Mae'r tŷ'n sefyll ar ei ben ei hun ar ochr y bryn tua thair milltir y tu allan i'r dre. O flaen y tŷ mae lawnt hyfryd a blodau o bob math yn tyfu yno. Y tu ôl i'r tŷ mae gardd fawr lle mae coed ffrwythau o bob math—coed afalau a choed pêr, a ffrwythau meddal hefyd.

Dydy'r tŷ ddim yn un mawr—rhyw dair ystafell i lawr a thair i fyny, ond mae'n ddigon mawr i'r teulu sy'n byw yno.

Huw Edwards a'i deulu sy'n byw ym Mryn-y-Blodau. Gŵr tua phump a deugain oed ydy Huw Edwards. Mewn swyddfa yn y dre mae e'n gweithio ac mae e'n mynd i'w waith bob dydd ar y bws. Does ganddo fe ddim car. Does arno fe ddim eisiau car, meddai fe. Does arno fe ddim eisiau rhedeg o gwmpas y wlad mewn car. Mae digon o bethau tlws o gwmpas ei dŷ ei hun, yn ei lawnt a'i ardd, meddai fe. Ie, ei dŷ ei hun, a'i lawnt, a'i ardd ydy hobi Huw Edwards. Ond mae ganddo fe un hobi arall—gwylio rygbi. Ydy, mae Huw Edwards yn hoff iawn o wylio gêm dda o rygbi. Roedd e'n chwaraewr da iawn yn ei ddydd, ond mae e'n rhy hen i redeg o gwmpas cae chwarae nawr—gwylio ydy ei hobi e nawr.

Ond gadewch inni fynd i mewn i'r tŷ bychan tlws yma. Dyma ni'n mynd i mewn i'r ystafell fyw. Dydy Huw Edwards ddim gartre, ond dacw ei wraig, Susan, a'i ferch, Gwenno, yn eistedd yn y ddwy gadair fawr wrth y tân. A dacw Bleddyn, y mab, yn eistedd wrth y bwrdd. Ysgrifennu mae e, a Susan a Gwenno'n siarad yn brysur iawn. Gadewch inni wrando arnyn nhw.

'Pryd mae'r ddawns yma, Gwenno?' mae'r fam yn gofyn.

'Pythefnos i heno, mam.'

'Pythefnos i heno? Hm! Fe fydd yn rhaid iti gael ffrog a sgidiau newydd i fynd i'r ddawns.'

'Bydd, mam. Mae hi'n ddawns bwysig.'

Ysgrifennu mae Bleddyn, ond mae e'n gwrando ar ei fam a'i chwaer yn siarad hefyd, ac mae'n rhaid iddo fe gael ei drwyn i mewn.

'Does dim dawns yn bwysig.'

'Bydd di'n ddistaw, Bleddyn. Does neb yn gofyn iti siarad,' medd Gwenno. 'Does dim yn dy feddwl di; dim ond rygbi.'

'Ie, rygbi. Does gen i ddim amser i feddwl am ddawnsio, beth bynnag. Dim ond merched, a bechgyn sy'n debyg i ferched, sy'n dawnsio.'

Roedd Bleddyn, fel ei dad, yn hoff iawn o rygbi. Roedd e'n chwaraewr da ac yn gapten ar dîm yr ysgol.

'O, aros di,' medd ei fam, 'fe fyddi di'n newid dy diwn ryw ddiwrnod.'

'Fi'n newid fy nhiwn? O, na; fydda i ddim yn newid fy nhiwn.'

'Pan fyddi di'n cwrdd â merch fach bert, a phan fydd arni hi eisiau mynd i ddawnsio, fe fydd yn rhaid iti fynd,' medd Gwenno.

'Hy! Does gen i ddim amser i ferched.'

'Nac oes? I bwy rwyt ti'n ysgrifennu nawr?'

'Wel . . . ym . . . Ond dwed, Gwenno, ble mae'r ddawns bwysig yma?'

'Yn Nhregapel.'

'Yn Nhregapel? Ond mae Tregapel saith milltir i ffwrdd. Sut rwyt ti'n meddwl mynd yno? Cerdded yn dy sodlau stileto uchel?'

'Bydd yn ddistaw, wir. Na, mi fydda i'n mynd yno mewn car.'

'Car pwy? A-ha! Does dim rhaid imi ofyn. Nag oes?'

'Wel, paid â gofyn!'

'Rwyt ti'n mynd gyda . . .'

'Ydw, rydw i'n mynd gyda . . .'

'Bydd yn ddistaw nawr, Bleddyn,' medd y fam gan dorri i mewn.

'O'r gorau, mam. Ond mae yna un cwestiwn bach eto.'

'Cwestiwn eto?'

'Oes.'

'Wel, beth ydy'r cwestiwn?'

'Pam mae'r ddawns yn bwysig?'

'Dawns y swyddfa ydy hi. Wel, dawns dwy swyddfa. Mae gan ein cwmni ni swyddfa yma, ac mae gan y cwmni swyddfa yn Nhregapel.'

'O-ho! Rwy'n gweld. Ac fe fydd pobol bwysig y cwmni yn y ddawns—y bobol fawr! Ac fe fydd ein Gwenno fach ni'n cwrdd â'r bobol fawr yn y ddawns.'

'Mae'n talu i gwrdd â'r bobol fawr.' Y fam yn torri i mewn unwaith eto.

'Beth am y ffrog a'r sgidiau newydd yma, mam?' Mae Gwenno'n tynnu ei mam yn ôl at y mater pwysig.

'Fe fydd arna i eisiau ffrog a sgidiau newydd, ond does gen i ddim arian, mam.'

'Does gen i ddim arian chwaith. Wel, dim arian sbâr. Fe fydd yn rhaid inni ofyn i dy dad.'

Mae'n rhaid i Bleddyn gael ei drwyn i mewn eto,—

'O, bydd, fe fydd yn rhaid i Gwenno ofyn i nhad. Fe fydd yn rhaid iddi hi fod yn garedig iawn wrtho fe. A! Rwy'n gwybod. Yn gyntaf, Gwenno, mae'n rhaid iti roi ei sliperi'n barod wrth y tân. Wedyn, pan ddaw e i mewn, mae'n rhaid iti redeg ato fe, rhoi cusan iddo fe, a dweud, " Croeso cynnes, dad annwyl. Dewch! Eisteddwch wrth y tân. Mae'r sliperi'n gynnes wrth y tân. Gadewch imi dynnu eich hen sgidiau mawr trwm . . . "'

'Dydy dy dad ddim yn gwisgo sgidiau mawr trwm . . .'

'Gadewch imi orffen, mam! " Gadewch imi dynnu eich sgidiau mawr trwm," medd Gwenno, " a dodi'r sliperi cynnes am eich traed. Dyna fe! Eisteddwch nawr a gorffwys. Mae cwpanaid o de'n barod yn y tebot. Fe gewch chi gwpanaid yn y gadair . . . "'

'Nid yn y gadair y bydd arno fe eisiau cwpanaid, ond yn ei fola, a bydd yn ddistaw nawr, Bleddyn. Rwyt ti wedi siarad digon. A ble mae dy dad hefyd? Mae e'n hwyr heno. Mae e'n hwyr iawn.'

'Gweithio ymlaen mae e. Mae arno fe eisiau llawer, llawer iawn o arian. Mae'n rhaid iddo fe brynu ffrog a sgidiau newydd i Gwenno i fynd i'r ddawns bwysig yma, ac i gwrdd â'r bobol **fawr** . . . '

Oedd, roedd Huw Edwards yn gweithio ymlaen, a phan ddaeth e allan o'r swyddfa, roedd e wedi blino'n lân. Weithiau roedd e'n cerdded y tair milltir adre i Fryn-y-Blodau, ond roedd e wedi blino'n lân nawr. Aeth i aros am y bws. Hew, roedd hi'n oer ac roedd y gwynt yn chwythu'n galed rownd y cornel wrth y lle aros.

' Rwy'n gobeithio na fydd y bws yma'n hir yn dod,' meddai Huw Edwards wrtho'i hun.

Ond roedd y bws *yn* hir yn dod. Pum munud . . . deng munud . . . chwarter awr. . . . Fe ddaeth ciw o fechgyn ifanc i aros am y bws. Ac, O, y sŵn oedd ganddyn nhw. Roedd tymer Huw Edwards yn codi—roedd e wedi blino; roedd e'n oer; roedd eisiau bwyd arno fe, a nawr, dyma'r bechgyn yma â'u sŵn, sŵn, sŵn. Roedd gan bob un ohonyn nhw wallt hir fel y *Beatles*, ac roedd pob un yn ' ye-ye-yëo ' dros y lle. Roedd tymer Huw Edwards yn codi'n gyflym iawn, ond dyma'r bws o'r diwedd. Safodd y bws reit o flaen Huw Edwards.

' Lle i un. Dim ond un. Mae'r bws yn llawn. Pwy ydy'r cyntaf? ' meddai dyn y bws.

' Fi ydy'r cyntaf,' meddai Huw Edwards.

' Na, ni ydy'r cyntaf,' gwaeddodd y bechgyn a neidio ar y bws. Ond roedd Huw Edwards o'u blaen nhw. Canodd dyn y tocynnau y gloch, ac i ffwrdd â'r bws, a dau neu dri o'r bechgyn ifanc yn hongian ar y cefn. Ond arhoson nhw ddim yno'n hir. Roedd arnyn nhw ofn a'r bws yn dechrau mynd yn gyflym . . .

' Mae'r bws yn llawn heno. Does dim un sedd wag,' meddai Huw Edwards wrth ddyn y tocynnau.

' Nac oes. Mae'r bws yn llawn heno. Ble rydych chi'n mynd, syr? '

' Cornel Bryn-y-Blodau. Dydy'r bws ddim yn llawn fel hyn bob nos.'

' Naw ceiniog. Nac ydy. . . . Diolch . . . '

34

' Beth sy ymlaen heno? '

' O, rhyw Sesiwn Bingo i fyny'r cwm.'

' Bingo! Hy! A nawr mae'n rhaid imi sefyll, ac rydw i wedi blino'n lân, ac mae hi'n oer wrth ddrws y bws yma.'

' O'r gorau, syr; rydw i'n cau'r drws.'

' Diolch. Does dim sedd wag, rydych chi'n siŵr.'

' Does dim un sedd wag, syr.'

' Edrychwch! Dacw fachgen ifanc yn eistedd yn y sedd acw. Ond dyna! Dydy pobol ifanc ddim yn codi i hen bobol y dyddiau yma.'

' Dydych chi ddim yn hen, syr.'

' Rydw i'n teimlo'n hen heno. Rydw i'n adnabod y bachgen yna hefyd. Ydw, ydw! Dic Lewis ydy e, rwy'n siŵr. Mae ei dad a fi'n ffrindiau, a dyna fe'n eistedd ac mae'n rhaid imi sefyll.'

' Dydy e ddim wedi'ch gweld chi, syr.'

' O, ydy, mae e wedi ngweld i, rydw i'n siŵr. Mi fydda i'n dweud wrth ei dad amdano fe.'

' Dydych chi ddim yn mynd ymhell, syr.'

' Nac ydw, dydw i ddim yn mynd ymhell. Ond rydw i wedi blino heno.'

' Ydych chi'n mynd i weld y gêm yfory, syr? '

' Nac ydw. Dim tocyn.'

' Rydw i'n lwcus. Rydw i wedi cael tocyn.'

' Ydych chi, wir? Rydych chi'n lwcus iawn. Rydw i wedi treio am docyn ymhobman, ond heb ddim lwc. Pwy fydd yn ennill? '

' O, Cymru, siŵr iawn. Tîm da gan Gymru. Rydyn ni wedi curo Lloegr. Fe fyddwn ni'n curo'r Alban yfory, ac wedyn Iwerddon, ac fe fyddwn ni'n ennill y Goron Driphlyg.'

' Ydych chi'n meddwl? Wel, gobeithio: Ond fydda i ddim yn y gêm, a dydy'r gêm ddim ar y teledu.'

' Nac ydy. Piti, yntê? Dyma ni, syr. Cornel Bryn-y-Blodau. Chi'n byw yn y tŷ Bryn-y-Blodau? '

' Ydw.'

' Enw tlws a thŷ tlws. Gardd hyfryd hefyd, syr. Fe fyddwch chi'n gweithio yn yr ardd yfory.'

' Hy! Bydda, ond fe fyddwch chi'n gwylio'r gêm. Rydych chi'n ddyn lwcus.'

'Ydw, siŵr. Nos da, syr.'
'Nos da.'
Arhosodd y bws a neidiodd Huw Edwards i lawr. Brr!
Roedd hi'n oer. Brysiodd i lawr y lôn fach at y tŷ.

'Hylo, Huw! Rydych chi'n hwyr heno. Gweithio ymlaen?
gofynnodd y fam pan ddaeth Huw i'r ystafell.
'Ydw, rydw i wedi bod yn gweithio ymlaen, ac rydw i
wedi blino'n lân.'
'Tynnwch eich côt fawr, dad, a dewch at y tân. Mae hi'n
oer allan,' meddai Gwenno. 'Eisteddwch yn fy nghadair i.'
'Diolch, Gwenno. Ac roedd yn rhaid imi sefyll yn y bws.
Dim un sedd wag. Rhyw bobol ddwl yn mynd i ryw Sesiwn
Bingo'n llanw'r bws.'
'Roedd hi'n galed iawn arnoch chi, dad.'
'Does dim eisiau iti roi dy drwyn i mewn, Bleddyn. Oedd,
roedd hi'n galed iawn arna i.'
'Peidiwch â gwrando arno fe, dad,' meddai Gwenno.
'Gadewch imi dynnu'ch sgidiau chi nawr. Mae mam yn
paratoi cwpanaid o de ichi. Dyna fe! Dyna un esgid! Y llall
nawr . . .'
'Wel, diolch, Gwenno. Rwyt ti'n garedig iawn.'
'Beth am y gusan, Gwenno?' Bleddyn, wrth gwrs.
'Hist, fachgen. Nawr eich sliperi, dad. Maen nhw wedi
bod wrth y tân. Maen nhw'n gynnes braf.'
'Diolch yn fawr, Gwenno. Wir, rwyt ti'n garedig.'
'Dim o gwbwl, dad! Dim o gwbwl!'
'Gwyliwch, dad! Mae arni hi eisiau rhywbeth.'
Doedd Bleddyn ddim yn gallu bod yn dawel yn hir.
'Bydd ddistaw, Bleddyn. Ydych chi'n gynnes nawr, dad?'
'Ydw, diolch, Gwenno. Ond dwed, Gwenno, *oes* arnat ti
eisiau rhywbeth. Dydw i ddim yn cael croeso fel hyn bob
nos.'
'Gofynnwch iddi, dad!' Bleddyn eto.
'Rwyt ti'n ysgrifennu llythyr. Paid â siarad o hyd,'
meddai'r fam. 'Fydd y te ddim yn hir, Huw.'
Edrychodd Huw Edwards ar ei wraig. Edrychodd e ar ei
ferch. Roedd y ddwy'n gwenu'n hyfryd arno fe.

Doedd e ddim yn cael croeso fel hyn bob nos. O, nac oedd! Roedd rhywbeth yn mynd ymlaen yma.

'Beth sy'n mynd ymlaen yma?' gofynnodd y tad o'r diwedd.

'Does dim yn mynd ymlaen,' atebodd y fam. 'Edrychwch! Dyma gwpanaid o de ichi.'

Trodd Huw Edwards at ei fab. Doedd ei wraig a'i ferch ddim yn barod i ateb, ond roedd e'n siŵr o gael ateb gan Bleddyn.

'Bleddyn! Dwed ti beth sy'n mynd ymlaen.'

'Peidiwch â gofyn iddo fe,' torrodd y fam i mewn. 'Dyma beth sy'n mynd ymlaen. Mae Gwenno'n mynd i ddawns bwysig bythefnos i heno.'

'O, rwy'n gweld. Mae hi'n mynd i ddawns bwysig, ac mae arni hi eisiau ffrog newydd a llawer o bethau eraill, rwy'n siŵr.'

'Dyna fe, dad.' Bleddyn, wrth gwrs.

'Ie, mae Gwenno'n mynd i ddawns, ac mae arni hi eisiau ffrog newydd a sgidiau newydd i fynd yno,' meddai'r fam.

'Mae'r ddawns yma'n un bwysig iawn, dad. Dim ond rhyw hen, hen ffrog sydd gen i, a rhyw hen, hen sgidiau.'

'Druan ohonot ti, Gwenno. Mae hi'n galed arnat ti. Dim ond hen racs sydd gen ti.'

Chwerthodd Huw Edwards. Rhwng y te a'r tân a'r sliperi cynnes, roedd e'n teimlo'n reit hapus. Aeth e ymlaen,—

'Pa ddawns ydy hon, Gwenno?'

'Dawns ein swyddfa ni. Dawns y ddwy swyddfa—y swyddfa yma a swyddfa Tregapel. Fe fydd pobol fawr y cwmni i gyd yn y ddawns, dad.'

'Hm-m!'

Edrychodd Huw Edwards yn garedig iawn ar ei ferch. Wir, roedd hi'n bert, fel ei mam, gyda'i gwallt fel aur a'i llygaid glas. Roedd hi'n siŵr o fod yn *hit* yn y ddawns.

'Hm-m!'

'Wel, dwedwch, dad! Ydw i'n cael ffrog a sgidiau newydd, yn lle dweud " Hm-m " o hyd.'

Gwenodd Huw Edwards. Roedd e mewn tymer dda iawn nawr. Roedd y te a'r tân a'r sliperi cynnes a'r croeso wedi gwneud eu gwaith.

'O'r gorau, Gwenno.'

'O, dad, diolch! DIOLCH!'

Rhoddodd Gwenno ei breichiau am ei thad a rhoi cusan iddo fe reit ar ei drwyn.

'Diolch! Diolch! DIOLCH! Fe fydd mam a fi'n mynd i Abertawe yfory. Yntê, mam?'

'Fe fydd yn rhaid inni gael yr arian yn gyntaf,' meddai'r fam. 'Llawer iawn o arian.'

'Llawer iawn o arian! Hew! O'r gorau, Gwenno. Ble mae'r ddawns? Neuadd y Dre?'

'Nage, yn Nhregapel,' atebodd Gwenno.

'Tregapel. Saith milltir i ffwrdd. Sut byddi di'n mynd yno? Oes bws yn mynd o'r swyddfa?'

'Nac oes. Fe fydd pawb yn mynd mewn ceir. Mae digon o geir gan bobol y swyddfa, dad.'

'Does dim car gen i. Gyda phwy rwyt ti'n mynd?'

'Mae hi'n mynd gyda Mr X, dad.' Bleddyn yn torri i mewn.

'Mr X? Pwy ydy e?' gofynnodd y tad.

'Dic Lewis,' atebodd Gwenno.

Neidiodd Huw Edwards ar ei draed.

'Dic Lewis? Dic Lewis?' meddai fe. 'O, na!'

Edrychodd y tri arno fe'n syn. Beth oedd yn bod arno fe? Roedd e'n edrych yn ddig ofnadwy.

'Beth sy'n bod arnoch chi, Huw?' gofynnodd y fam. 'A beth sy'n bod ar Dic Lewis? Mae e'n fab i'ch ffrind gorau chi.'

'Ydy, mae e'n fab i'm ffrind gorau i. Ond dydy e ddim fel ei dad. O, nac ydy,' atebodd y tad yn ddig.

'Beth mae Dic wedi'i wneud, dad?' gofynnodd Gwenno, ac yn wir, roedd y dagrau'n agos.

'Dwyt ti ddim yn mynd i'r ddawns gyda Dic Lewis.'

'Ond, Huw, mae e'n fachgen ffein iawn,' meddai'r fam.

'Mae ei dad e'n ddyn ffein, ond dydy ei fab e ddim. A dydy Gwenno ddim yn mynd i'r ddawns o gwbwl. Dydw i ddim yn prynu ffrog a sgidiau newydd iddi hi fynd i'r ddawns gyda Dic Lewis na neb arall.'

'Dad!!' Gwenno, wrth gwrs. Roedd y dagrau'n agos o'r

38

blaen, ond nawr, dyma nhw'n dod ac yn dechrau rhedeg i lawr ei hwyneb.

'Beth mae Dic Lewis wedi'i wneud?' gofynnodd y fam.

'Beth sy wedi dod drosoch chi, Huw? Rydych chi wedi newid eich meddwl yn gyflym iawn.'

'Fe fydd Dic yn cael car ei dad i fynd i'r ddawns,' meddai Bleddyn.

'Cadw di dy drwyn allan o'r busnes,' meddai'r tad yn ddig.

'Ond dwedwch, dad, beth mae Dic wedi'i wneud?' Gwenno eto.

'Dyma beth mae e wedi'i wneud,' meddai'r tad. 'Roeddwn i'n dod adre o'r swyddfa heno. Roeddwn i wedi blino'n lân ac roedd arna i eisiau eistedd i lawr. Roeddwn i'n oer ac roedd arna i eisiau bwyd. Dyma'r bws yn dod, ond roedd y bws yn llawn. Doedd dim un sedd wag ynddo fe. Ac wrth gwrs, roedd yn rhaid imi sefyll. Oedd, roedd yn rhaid imi sefyll am dair milltir yn y bws. Ond roedd un bachgen yn eistedd yn y bws. Ond safodd e imi gael eistedd? O, naddo. Roedd yn rhaid i'r dyn ifanc eistedd a gadael i hen ddyn fel fi sefyll. A'r dyn ifanc oedd Dic Lewis!'

Whiw! Roedd Huw Edwards yn ddig.

'Pŵr dab!' meddai Bleddyn yn dawel fach.

'Beth ddwedaist ti, Bleddyn?' gofynnodd Huw Edwards a'i lygaid yn fflachio.

'Dim, dad! Dim!'

'Wel, bydd yn ddistaw te.'

'A dyna pam mae'n rhaid i Gwenno aros gartre yn lle mynd i'r ddawns,' meddai'r fam yn dawel.

'Ie, dyna pam,' atebodd y tad.

Druan o Gwenno. O, roedd hi'n siomedig.

'Rydw i'n mynd i'r gwely,' meddai hi a'r dagrau'n llanw ei llygaid.

'O'r gorau, Gwenno. Fe fydd dy dad wedi newid ei feddwl eto erbyn y bore,' meddai'r fam. 'Fe fyddi di'n mynd i'r ddawns. Paid ag ofni.'

'Nos . . . da,' meddai Gwenno a'i llais yn torri.

'Nos da, Gwenno fach,' meddai'r fam. 'Mi fydda i'n dod â chwpanaid iti i'r gwely.'

Aeth Gwenno, druan, i'r gwely.

Roedd tawelwch am amser hir yn yr ystafell wedyn. Roedd y fam yn edrych i'r tân. Roedd hi'n ddig nawr—dig wrth ei gŵr am newid ei feddwl mor sydyn. Roedd y tawelwch yn mynd ar nerfau'r tad ac meddai fe, o'r diwedd,—

'Mae . . . mae Gwenno'n siomedig iawn.'

Atebodd y fam ddim, dim ond dal i edrych yn ddig i'r tân.

'Mae Gwenno'n siomedig,' meddai'r tad yr ail waith.

'O, byddwch yn ddistaw. Dydw i ddim yn siarad â chi,' atebodd y fam yn ddig. 'Ond fe fydd Gwenno'n mynd i'r ddawns. O, bydd! Mi fydda i'n prynu ffrog a sgidiau newydd iddi hi.'

Cododd y fam. Roedd hi ar ei ffordd i'r gegin ond dyma gnoc ar ddrws y ffrynt.

'Rydw i'n mynd at y drws,' meddai Bleddyn.

Cododd Bleddyn o'i waith ysgrifennu ac aeth i agor drws y ffrynt.

Fe gafodd e sioc pan agorodd e'r drws. Pwy oedd yno ond . . . Dic Lewis.

'Dic! O ble doist ti?'

'Hylo, Bleddyn! Ydy dy dad i mewn?'

'Ydy! Ydy! Tyrd i mewn. Ond hist nawr! Gwrando! Mae nhad mewn tymer od iawn. Dydy e ddim yn hoff o Dic Lewis . . . heno.'

'O, beth sy'n bod?'

'Roeddet ti ar y bws . . .'

'Oeddwn, oeddwn.'

'Roeddet ti'n eistedd, ond roedd yn rhaid i nhad sefyll.'

'Mi welais i e ar y bws. Roedd e'n neidio oddi ar y bws pan oeddwn i'n codi i ddod allan.'

'Wel, cofia! Mae e mewn tymer ddrwg. A dydy Gwenno ddim yn mynd i'r ddawns. Mae hi'n siomedig ac mae hi wedi mynd i'r gwely.'

'Gwenno ddim yn mynd i'r ddawns?' meddai Dic yn syn. 'Beth mae hi wedi'i wneud?'

'Dim. Ti oedd yn eistedd a nhad yn sefyll.'

'Ond roedd yn rhaid imi . . .'

'Hist nawr! Tyrd i mewn. Rydw i'n mynd i'r llofft i ddweud wrth Gwenno. . . . Wel, tyrd, fachgen! Beth sy'n bod arnat ti? Oes arnat ti ofn nhad? '

'Ofn? Wel . . . ond fy nhroed i . . . '

'Beth sy'n bod ar dy droed? '

'Roedd yn rhaid imi redeg i ddal y bws, a phan oeddwn i'n neidio ar y bws, mi drois i ar fy nhroed. O, mae'n brifo.'

'Brifo? Ydy, mae'n siŵr . . . '

Ond dyma'r fam yn dod at y drws.

'Pwy sydd yma? Rwyt ti'n hir iawn, Bleddyn. O, Dic! Chi sydd yma. Dewch i mewn. Peidiwch ag aros i siarad wrth y drws fel hyn. Dewch i mewn at y tân. Mae hi'n oer ofnadwy heno.'

'Diolch, Mrs Edwards.'

'Rydw i'n mynd i alw Gwenno,' meddai Bleddyn yn dawel yn ei glust. 'I mewn â thi. Ond cofia'i dymer e! '

'Am beth rwyt ti'n siarad nawr, Bleddyn? Dewch nawr, Dic,' meddai Mrs Edwards.

'Rwy'n dod . . . ' meddai Dic, a dechreuodd gerdded ar ôl Mrs Edwards i'r ystafell.

Trodd Mrs Edwards i edrych arno fe.

'Beth sy'n bod, Dic? Rydych chi'n cerdded yn araf iawn.'

'Rydw i wedi brifo fy nhroed, Mrs Edwards, wrth neidio ar y bws.'

'Wedi brifo'ch troed? '

Roedd Mrs Edwards yn swnio'n hapus.

'Rydych chi'n swnio'n hapus, Mrs Edwards.'

'Hapus? Wel . . . ' a chwerthodd . . . yn dawel fach, wrth gwrs.

'Dewch at y tân, ac eisteddwch.'

Cerddodd Dic i mewn i'r ystafell lle roedd y tad yn edrych yn sur i'r tân.

'Dic Lewis, Huw.'

'Y? Pwy? Beth? '

'Dic Lewis wedi galw i mewn.'

'O! Y! Ym . . . nos da . . . ym . . . sut rydych chi? ' meddai Huw Edwards—yn anesmwyth iawn.

'Eisteddwch, Dic,' meddai Mrs Edwards. 'Gadewch imi weld y droed yna.'

41

'Na, wir, Mrs Edwards.'

'Gadewch imi weld y droed yna! Mae hi'n brifo, rwy'n siŵr. Mae'ch wyneb chi'n wyn.'

'O, o'r gorau, Mrs Edwards.'

'Troed? Troed? Beth sy'n bod ar eich troed?' gofynnodd Mr Edwards—yn anesmwyth eto.

'Troi arni hi wrth neidio i mewn i'r bws i ddod yma.'

'O! . . . O! . . . Ym . . . roeddech chi'n eistedd yn y bws,' meddai Huw Edwards.

'Oeddwn. Roedd yn rhaid imi eistedd . . . roedd fy nhroed yn brifo . . . yn brifo . . . ac roeddwn i'n teimlo . . . yn sâl . . . chi'n gwybod.'

'Rwy'n gwybod yn iawn. Mi drois fy nhroed lawer gwaith wrth chwarae rygbi. Do . . . do. . . . Gadewch i Mrs Edwards weld eich troed chi nawr.'

Roedd Huw Edwards yn cofio beth roedd e wedi'i ddweud am Dic Lewis, ac roedd e'n anesmwyth iawn. Beth bynnag, doedd e ddim mor sur nawr.

'Dodwch eich troed ar y stôl fach yma,' meddai Mrs Edwards. 'A thynnwch eich esgid.'

Cododd Dic ei droed a'i rhoi hi ar y stôl fach.

'Bobol bach!' meddai'r fam yn syn.

Roedd y droed wedi chwyddo'n fawr yn yr esgid.

'O, mae hi wedi chwyddo'n fawr. Fyddwch chi ddim yn cerdded adre heno, Dic.'

'Mi gymerais i chwarter awr i gerdded o'r cornel i'r tŷ yma.'

'Wrth gwrs, roeddech chi ar y bws hefyd. Ac rydw i yn y tŷ ers chwarter awr, siŵr o fod,' meddai Huw Edwards. 'Wel! Wel! Rydych chi wedi cymryd chwarter awr i gerdded o'r cornel i'r tŷ yma!'

'Treio cerdded, Mr Edwards.'

'Wel! Wel!'

Roedd Huw Edwards yn newid ei diwn yn gyflym iawn.

'Beth am y droed yma nawr?' meddai fe. 'Rhaid inni dynnu'ch esgid chi.'

'Na, Mr Edwards, diolch,' meddai Dic. 'Ffonio nhad ydy'r gorau, ac fe fydd e'n dod â'r car.'

'Ie, dyna fydd orau,' meddai Mrs Edwards hefyd. 'Ewch chi i ffonio Mr Lewis, Huw. Rydw i'n paratoi cwpanaid o de i Dic.'

'Na, rydw i'n ffonio Mr Lewis, dad.' Llais Bleddyn o'r drws. 'Dyma Gwenno, Dic.'

Daeth Gwenno i mewn i'r ystafell. Ceisiodd Dic godi.

'Na! Na! Eistedd di, Dic. Rydw i wedi clywed am dy droed. Ydy hi'n brifo?' gofynnodd Gwenno.

'Wel . . . ym . . . ydy. . . . Ond, Gwenno, dwyt ti ddim yn dod i'r ddawns. Roedd Bleddyn yn dweud.'

'Na . . . na,' meddai Gwenno mewn llais siomedig. 'Dydy nhad . . . ym. . . . Does gen i ddim ffrog . . .'

'Ffrog? Does dim eisiau ffrog . . . ym . . . beth rydw i'n ei ddweud . . . ym . . . ti'n deall, Gwenno. O, ie! Roeddwn i'n anghofio. Mae gen i lythyr yma i chi, Mr Edwards . . . oddi wrth nhad.'

'Llythyr oddi wrth eich tad? Ydy e'n mynd i weld Cymru'n chwarae yfory?'

'Ydy.'

'Ond doedd ganddo fe ddim tocyn.'

'Edrychwch yn yr amlen yma, Mr Edwards.'

Rhoddodd Dic yr amlen i Huw Edwards, ac wedyn troi i siarad â Gwenno.

'Wyt ti'n siomedig, Gwenno?'

'Wrth gwrs, mae hi'n siomedig.'

Bleddyn oedd wedi dod 'nôl o ffonio tad Dic.

'Fe fydd dy dad yma mewn chwarter awr, meddai fe, Dic. A sôn am siomedig, Dic. Roedd y dagrau'n rhedeg i lawr ei hwyneb . . .'

'Bydd ddistaw, Bleddyn. Paid â gwrando, Dic. Ond dyna fe. Roeddwn i wedi edrych ymlaen, ond does gen i ddim ffrog na sgidiau . . .'

'E? E? Ffrog? Sgidiau? Ond rwyt ti'n cael ffrog newydd. Rydw i wedi dweud unwaith.'

Edrychodd y tri ifanc ar Huw Edwards yn syn. Roedd e wedi neidio ar ei draed, ac roedd gwên fawr ar ei wyneb.

'Wrth gwrs, rwyt ti'n mynd i'r ddawns yn y car gyda Dic. Ac rydw i'n mynd i weld y gêm yn y car gyda thad Dic yfory. Edrychwch! Dyma'r tocyn!'

Daliodd e'r darn cardbord i fyny i bawb ei weld. Yna daliodd e'r cardbord wrth ei geg a phlannu cusan fawr arno.

Daeth ei wraig i mewn i'r ystafell â chwpanaid i Dic. Roedd hi wedi clywed y frawddeg olaf yna ac wedi gweld ei gŵr yn cusanu'r tocyn.

'Wel, fel mae dyn yn gallu newid ei feddwl!' meddai hi. 'Gobeithio y bydd Cymru'n ennill yfory neu fe fyddwch chi'n siŵr o newid eich meddwl eto.'

'O, fe fydd Cymru'n siŵr o ennill.'

'Ac fe fydd fy nhroed yn siŵr o wella erbyn noson y ddawns.'

Wir, roedd teulu llawen iawn ym Mryn-y-Blodau y noson honno wedyn.

WATSYS AUR

'Faint o'r gloch ydy hi, Gwen?'
  'Mae hi'n hanner awr wedi pump, Seimon.'
  'Gadewch inni fynd am dro yn y car.'
  'Fe fydd hynny'n hyfryd yr amser yma o'r dydd.'
  'Bydd. Rydw i'n mynd i'r garej i nôl y car . . .'
Ond dyna'r ffôn yn canu.
  'Pwy sy'n ffonio nawr, tybed?' meddai Seimon Prys.
Cymerodd Seimon y ffôn yn ei law.
  'Hylo! Seimon Prys yma. Pwy sy'n galw? . . . John
Meredydd? . . . Ydw, ydw . . . rydw i'n gwybod am y ffatri
. . . chi ydy'r perchen. . . . Trwbwl? Rwy'n gweld. Ewch
ymlaen, Mr Meredydd. . . . Wel, wel! . . . O'r gorau, Mr
Meredydd. Mi ddo i nawr. Roeddwn i ar fy ffordd i nôl y car
o'r garej, fel mater o ffaith. . . . O'r gorau. Rwy'n gwybod lle
mae'r ffatri. . . . Ydw, ydw. . . . Mi ddo i nawr. O, ie; fe fydd
fy ngwraig gyda fi. Fe fydd hi'n fy helpu i ymhob achos. Da
boch chi nawr . . .'
Dododd Seimon Prys y ffôn 'nôl yn ei gawell.
  'Dydyn ni ddim yn mynd am dro yn y car,' meddai Gwen.
  'Wel, ydyn, Gwen. Rydyn ni'n mynd am dro yn y car, ond
fe fyddwn ni'n galw yn gyntaf mewn ffatri fach—y ffatri fach
sy'n agos i Groesffordd Bryncoed. Rydych chi'n gwybod am
y lle, Gwen.'
  'Ydw, Seimon, rwy'n gwybod am y lle. Ffatri fach newydd
ydy hi. Ffatri gwneud watsys, yntê?'
  'Ie, ond watsys arbennig. Watsys aur.'
  'Beth ydy'r trwbwl, Seimon?'
  'Watsys bach ydy'r watsys aur yma, ac maen nhw'n gostus
dros ben.'
  'Ac mae rhywun wedi torri i mewn i'r ffatri a dwyn rhai o'r
watsys?'
  'Na, does neb wedi torri i mewn i'r ffatri, ond *mae* rhywun

wedi dwyn rhai o'r watsys. Ond yn rhyfedd iawn, pwy bynnag ydy'r lleidr, dim ond un wats ar y tro y bydd e'n ei dwyn.'

'Un wats ar y tro? Rhyfedd iawn, wir. Mae e'n dwyn un wats ar y tro, ond yn dwyn wats yn aml?'

'Dyna fe, Gwen. Rhywun eisiau gwneud ychydig o bunnoedd yn dawel fach, chi'n gweld. Pwy bynnag ydy'r lleidr, dydy e ddim yn lleidr proffesiynol. Beth mae e'n ei wneud ydy cymryd wats nawr ac yn y man—rhyw un neu ddwy bob wythnos, ond fe gawn ni'r hanes i gyd gan Mr Meredydd. Ydych chi'n barod, Gwen?'

'Ydw, rwy'n barod. Y Mr Meredydd yma. Fe ydy perchen y ffatri?'

'Ie, fe ydy perchen y ffatri, ac rydyn ni'n mynd i'w weld e nawr . . .'

Aeth Seimon a Gwen i'r garej i nôl y car, ac mewn ychydig o funudau, roedd y Barcud agored yn gyrru'n gyflym ar hyd y ffordd fawr tua Groesffordd Bryncoed. Braf oedd bod allan yn yr awyr agored a theimlo'r gwynt yn chwythu trwy eu gwallt . . .

'Roeddwn i'n meddwl ein bod ni'n mynd i gael gorffwys am ychydig o ddyddiau,' meddai Gwen yn y man.

'Roeddwn i'n meddwl hynny hefyd, Gwen. Ond mae gwaith yn fwy pwysig nawr, ac mae'n rhaid i dditectif gymryd pob gwaith fel mae e'n dod.'

Ie, ditectif oedd Seimon Prys—ditectif preifat. Ditectif preifat llwyddiannus iawn hefyd, a nawr dyma fe'n dechrau ar achos newydd.

'Fyddwn ni ddim yn hir gyda'r achos yma,' meddai fe wrth Gwen.

'Gobeithio,' atebodd Gwen. 'Dacw'r ffatri, Seimon. Mae'r gatiau acw'n agored . . .'

'Ac rydw i'n gyrru trwy'r gatiau . . .'

Gyrrodd Seimon trwy'r gatiau a stopio wrth ddrysau'r

adeilad. Agorodd y drysau ar unwaith a daeth dyn tal i agor drws y car.

'Mr Prys! Mae'n dda gen i'ch gweld chi,' meddai'r dyn.

'Mr Meredydd?' meddai Seimon.

'Ie, John Meredydd.'

'Mae'n dda gen i gwrdd â chi, Mr Meredydd. Dyma fy ngwraig, Gwen. Mae hi'n fy helpu i ymhob achos.'

'Mae'n dda gen i gwrdd â chi, Mrs Prys. Rydw i wedi clywed llawer amdanoch chi'ch dau, ac am eich llwyddiant mawr. Gobeithio y byddwch chi'n llwyddiannus yn yr achos yma hefyd. Dewch i mewn i f'ystafell i.'

Disgynnodd Seimon a Gwen o'r car a dilyn Mr Meredydd i mewn i'r adeilad ac i'w ystafell. Doedd hi ddim yn ystafell fawr, ond roedd hi'n ystafell gysurus.

'Eisteddwch,' meddai Mr Meredydd gan ddodi dwy gadair yn barod i Seimon a Gwen.

'Diolch,' meddai Seimon. 'Mae gennych chi le braf yma.'

'Oes, braf a chysurus. Mae'r lle yma wedi costio llawer imi. Mae'r lle'n newydd, a dydw i ddim yn gwneud llawer o broffid yma eto. A dyna un rheswm pam rydw i'n ddig bod y watsys yma'n diflannu.'

'Watsys arbennig ydy'r rhain, Mr Meredydd?'

'Wel . . . ie. . . . Watsys arbennig ydyn nhw. Does neb arall yng Nghymru'n gwneud watsys aur fel y rhain. Rydw i wedi mentro llawer wrth godi ffatri fel hon yng Nghymru. Mi fûm i'n gweithio am flynyddoedd yn y Swistir, a meddwl rhoi siawns i weithwyr yng Nghymru wedyn. A dyma fi. Rydw i wedi cael gwaith caled yma. Roedd yn rhaid imi ddysgu'r gweithwyr o'r dechrau cyntaf, a nawr, mae gen i nifer o grefftwyr da. Mae'n rhyfedd mor gyflym maen nhw wedi dysgu.'

'Rhyfedd iawn, yn wir i chi,' atebodd Seimon. 'Nawrte, Mr Meredydd, dwedwch beth sy'n digwydd yma. Y stori o'r dechrau, os gwelwch yn dda.'

'Wel te. . . . Rydw i'n cadw'r watsys mewn sêff fawr yn un o'r ystafelloedd yma. Mae hanner dwsin o grefftwyr da iawn yn gweithio yn yr ystafell hefyd. Pan maen nhw'n gorffen eu gwaith am y dydd, maen nhw'n dod â beth bynnag sydd ganddyn nhw i mi—watsys ar eu hanner ac yn y blaen—ac rydw i'n dodi'r cwbwl yn y sêff tan y bore. Ac wedyn fe fyddan nhw'n cael y gwaith 'nôl yn y bore. Ac mae enw pob un o'r gweithwyr wrth ei waith, wrth gwrs.'

'Rwy'n deall, Mr Meredydd. Felly, mae yna watsys ar eu hanner a watsys wedi eu gorffen yn y sêff.'

'Oes, oes. Ond y watsys sydd wedi eu gorffen sy'n diflannu, wrth gwrs. A'r peth rhyfedd ydy hyn—dim ond un wats ar y tro sy'n diflannu o'r sêff.'

'Un wats ar y tro,' meddai Gwen yn araf. 'Rhyfedd, yntê? Sawl wats sydd wedi eu dwyn i gyd? '

'Pedair ar ddeg. Ac maen nhw'n gostus—yn costio tua hanner can punt yr un. Rydw i wedi colli'r pedair ar ddeg yma i gyd o fewn dau fis.'

'Mae hyn yn llyncu'ch proffid i gyd,' meddai Seimon.

'Y proffid i gyd.'

'Oes rhywun wedi dwyn wats heddiw? ' gofynnodd Seimon wedyn.

'Nac oes,' atebodd Mr Meredydd. 'Roeddwn i'n cloi'r sêff ychydig wedi pump heno, a doedd neb wedi dwyn wats bryd hynny.'

'Mae dynion yn gweithio yn yr ystafell lle mae'r sêff, Mr Meredydd,' meddai Gwen. 'Un o'r dynion sy'n dwyn y watsys? '

'Mae'n bosibl. Ond sut mae e'n agor y sêff ydy'r cwestiwn. Dim ond un allwedd sydd i'r sêff, a gen i mae honno. Fi sy'n agor. y sêff yn y bore, a fi sy'n ei chloi hi yn y nos.'

'Dydych chi ddim yn gadael y sêff ar agor o gwbwl yn y dydd,' meddai Gwen.

'Nac ydw. Rydw i'n rhoi eu gwaith i'r dynion yn y bore, ac wedyn rydw i'n cloi'r sêff. Does neb yn cael rhoi eu dwylo'n agos i'r sêff.'

'Wel, mae'n rhaid bod allwedd gan y lleidr, pwy bynnag ydy e,' meddai Seimon. 'Mae'n amhosibl agor y sêff un ffordd arall.'

'Amhosibl.'

'Y cwestiwn ydy, ble mae'r lleidr wedi cael yr allwedd. Cwestiwn arall, Mr Meredydd. Pryd mae'r lleidr yn gwneud ei waith?'

'Weithiau yn y dydd—y bore neu'r prynhawn—ac unwaith neu ddwy yn y nos.'

'Yn y nos?'

'Wel, ar ôl i'r dynion orffen eu gwaith.'

'Un o'r dynion sy'n gweithio yn yr ystafell sy'n dwyn y watsys, yn ddigon siŵr,' meddai Gwen. 'Ydych chi wedi holi'r dynion?'

'Ydw, rydw i wedi holi a chroesholi'r dynion bob tro mae wats wedi diflannu. Wedi chwilio'u dillad a'u pocedi'n ofalus hefyd. Ond ches i ddim lwc eto.'

Roedd tawelwch yn yr ystafell am ychydig. Yna meddai Seimon Prys,—

'Dim ond un allwedd sydd i'r sêff, meddech chi, Mr Meredydd. Ond mae'n ddigon siŵr bod y lleidr wedi cael allwedd o rywle. Mae e wedi gwneud allwedd.'

'Wedi gwneud allwedd? Wel, dydy e ddim wedi cael siawns i gopïo f'allwedd i. Mae hi bob amser yn fy mhoced fan yma, yn fy nhrowsys. A dydw i byth yn mynd heb fy nhrowsys.'

Gwenodd Seimon Prys.

'Nac ydych, mae'n siŵr. Ond mae'r lleidr wedi gweld yr allwedd.'

'Dim ond pan fydda i'n agor neu'n cloi'r sêff.'

'Mae'n rhaid bod gan y lleidr gof da. Mae e'n ddyn sy'n gallu cofio'n dda beth mae e'n ei weld. "Cof y llygaid" ydy enw'r seicolegwyr ar y peth.'

'Rwy'n deall, Mr Prys. Mae'r dynion yn sefyll wrth fy ochor pan fydda i'n agor neu'n cau'r sêff—i dderbyn eu gwaith 'nôl yn y bore, neu i'w roi e 'nôl i mi yn y prynhawn.'

'Mae'n siŵr bod y lleidr wedi gweld yr allwedd yn eich dwylo lawer gwaith, Mr Meredydd. Gawn ni weld y sêff nawr?'

'Cewch, siŵr iawn. Dewch gyda fi nawr . . .'

Arweiniodd Mr Meredydd y ddau i ystafell arall. Ystafell

fawr oedd hon. Yno roedd byrddau gweithio i hanner dwsin o ddynion. Yno hefyd roedd y sêff fawr.

'A! Dacw'r sêff,' meddai Gwen. 'Mae hi'n sêff fawr.'

'Ydy, mae hi'n fawr.'

'Ac ynddi hi mae'r watsys hanner can punt,' meddai Seimon. Yna, 'Does neb wedi dwyn wats o'r sêff heddiw, Mr Meredydd?'

'Nac oes.'

Edrychodd Seimon o amgylch yr ystafell.

'Ble mae'r drws acw'n arwain?' gofynnodd e gan bwyntio at ddrws ym mhen draw'r ystafell.

'O, mae hwnna'n arwain i ystafell ymolchi'r dynion.'

'Ystafell ymolchi'r dynion. Rwy'n gweld. Gawn ni edrych ar y sêff nawr?'

'Siŵr iawn. Ga i agor y sêff ichi?'

'Na, na, Mr Meredydd. Mae arna i eisiau archwilio'r tu allan yn gyntaf.'

'Twll y clo a dwrn y sêff, ie, Seimon?' meddai Gwen.

'Ie, ie.'

'Welwch chi? Y ditectif wrth ei waith,' meddai Gwen gan wenu ar Mr Meredydd.

Tynnodd Seimon wydr o'i boced ac archwilio'r sêff yn ofalus trwyddo. A Gwen a Mr Meredydd yn gwylio, wrth gwrs.

'Beth rydych chi'n ei weld, Mr Prys?' gofynnodd John Meredydd.

'Wel, yn gyntaf, mae rhywun wedi agor y sêff ar eich ôl chi, Mr Meredydd.'

'Roeddwn i'n dodi gwaith y dynion 'nôl yn y sêff am bump o'r gloch. Does neb wedi agor y sêff wedi hynny, rwy'n siŵr.'

'Oes, Mr Meredydd. Pan oeddech chi'n fy ffonio i, siŵr o fod.'

'Na! Amhosibl, Mr Prys. Sut rydych chi'n gwybod?'

'Agorwch chi'r sêff nawr.'

Tynnodd Mr Meredydd allwedd o boced ei drowsys.

'Fe welwch chi mod i'n dweud y gwir. Rydw i'n mentro dweud hefyd fod un arall o'r watsys bach costus wedi diflannu. Rydych chi'n gwybod sawl wats sydd yn y sêff?

'Wrth gwrs.'

Agorodd John Meredydd y sêff a rhifo'r watsys bach aur oedd ar y silff uchaf. Edrychodd e'n syn ar Seimon Prys.

'Oes, mae wats wedi diflannu.'

'Mi ddywedais i fod un arall wedi mynd. Fe ellwch chi gloi'r sêff nawr, Mr Meredydd.'

'Wel, ar fy ngair! Sut roeddech chi'n gwybod, Mr Prys?' gofynnodd John Meredydd gan gloi'r sêff unwaith eto.

'O, fe gewch chi wybod. Fe gewch chi wybod. Rydw i'n gwybod un peth arall hefyd.'

'Beth ydy hwnnw?'

'Rydw i'n gwybod lle mae'r allwedd—allwedd y lleidr, pwy bynnag ydy e!'

'Nac ydych! Ble mae hi, Mr Prys?'

'O, fe gewch chi wybod yn y man. Mae'n rhaid inni adael yr allwedd lle mae hi nawr. Does arnon ni ddim eisiau dangos i'r lleidr ein bod ni ar ei ôl e. Nawrte, mae'n ddydd Sadwrn yfory . . .'

'Dydd cyntaf y tymor pêl-droed newydd.'

'O?'

'Roeddwn i'n clywed y gweithwyr yma'n dweud. Mae'n ddrwg gen i, Mr Prys. Roeddech chi'n dweud . . .'

'Ei bod hi'n ddydd Sadwrn yfory. Oes gwaith yma yfory?'

'Nac oes. Wythnos pum niwrnod ydy hi nawr ymhobman.'

'O'r gorau. Rydw i'n dod yma i weithio yfory a dydd Sul. Ac mae'n rhaid ichi ddysgu tipyn arna i sut i wneud watsys, Mr Meredydd.'

'Dydw i ddim yn deall, Mr Prys.'

'Mae arna i eisiau dod yma i weithio ddydd Llun, ac felly, mae'n rhaid imi wybod rhywbeth am y gwaith. Does arna i ddim eisiau edrych yn ffŵl, wyddoch chi.'

'O'r gorau, Mr Prys. Mi fydda i yma am naw o'r gloch bore yfory.'

'Diolch. A nawr, Gwen, mae arna i eisiau peth o'r stwff coch yna rydych chi'n ei roi ar eich gwefusau.'

'Stwff coch, wir! Mae'r stwff yma'n gostus iawn.'

'Rwy'n gwybod, Gwen. Fi sy'n talu amdano,' atebodd Seimon gan chwerthin.

51

Rhoddodd Gwen ei minlliw i Seimon. Rhoddodd Seimon ychydig o'r minlliw o dan ddwrn y drws, ac ychydig eto yn nhwll y clo.

'Dyna fe, Mr Meredydd. Byddwch yn ofalus pan fyddwch chi'n agor a chloi'r sêff. Peidiwch â rhwbio'r stwff ... ym ... y minlliw i ffwrdd.'

'Fy minlliw costus!' meddai Gwen.

'A nawr, Gwen,' meddai Seimon Prys, 'fe allwn ni fynd am dro yn y Barcud.'

'Barcud, Mr Prys?'

'Fy nghar, Mr Meredydd. Da boch chi nawr. Fe gawn ni gwrdd eto yfory.'

'Da boch chi a nos da,' atebodd John Meredydd, 'a gobeithio y byddwch chi'n llwyddiannus gyda'r minlliw yna, beth bynnag rydych chi'n ei wneud ag e. . . . Nos da . . .'

'Rhowch eich troed i lawr, Seimon,' meddai Gwen pan ddaethon nhw allan i'r ffordd fawr yn y Barcud. 'Mae'n braf allan yn yr awyr agored fel hyn.'

Gorweddodd Gwen yn ôl yn ei sêt a chau ei llygaid. Mor braf oedd teimlo'r gwynt ar ei hwyneb ac yn chwythu trwy ei gwallt.

'Oedd Mr Meredydd yn dweud bod dynion yn chwarae pêl-droed ar y tywydd braf yma?' gofynnodd Gwen a'i llygaid ynghau o hyd.

'Mae'r tymor pêl-droed yn dechrau ym mis Awst. Gwen. Mae'r tymor newydd yn dechrau yfory,' meddai Mr Meredydd.

'Pwy fase'n meddwl? Chwarae pêl-droed ym mis Awst!'

Roedd tawelwch am ddeng munud a mwy wedyn. Nawr ac yn y man roedd Seimon yn edrych ar Gwen trwy gornel ei lygaid. O, roedd hi'n dlws. Doedd dim rhyfedd ei fod e mewn cariad â hi. Roedden nhw'n ŵr a gwraig ers wyth mlynedd nawr, ond 'Fydda i byth yn peidio â'i charu hi', meddai Seimon wrtho'i hun.

Toc, meddai Gwen—roedd ei meddwl hi 'nôl gyda'r achos diwethaf yma nawr—

'Cwestiwn neu ddau, Seimon.'

'O'r gorau, Gwen.'

'Roeddech chi'n dweud bod rhywun wedi agor y sêff ar ôl pump o'r gloch heno.'

'Do, mi ddwedais i hynny.'

'Sut roeddech chi'n gwybod?'

'Doedd dim olion bysedd ar ddwrn y drws.'

'Rwy'n gweld. Roedd rhywun wedi sychu dwrn y drws—sychu'r dwrn â hances neu rywbeth.'

'Dyna fe, Gwen. Sychu'r dwrn er mwyn sychu olion ei fysedd ei hun i ffwrdd. Ac wrth gwrs, roedd e wedi sychu olion bysedd Mr Meredydd hefyd. Felly, roedd rhywun wedi bod yn ffidlan â'r dwrn ar ôl Mr Meredydd.'

'Ond doeddech chi ddim yn gwybod bod wats arall wedi mynd.'

'Nac oeddwn, ond mi fentrais i ddweud hynny. Dydy dyn ddim yn ffidlan i sychu olion bysedd i ffwrdd heb reswm. A'r rheswm—roedd e wedi bod yn y sêff a dwyn wats.'

'Digon teg! Yr ail gwestiwn. Roeddech chi'n dweud eich bod yn gwybod lle roedd yr allwedd. Ble mae hi?'

'Mae hi yn y tanc dŵr yn y toiled yn ystafell ymolchi'r dynion. Neu mae hi mewn dŵr yn rhywle.'

'Tanc dŵr y toiled? Lle da i guddio'r allwedd.'

'Lle da iawn.'

'Sut rydych chi'n gwybod ei bod hi yno?'

'Roedd diferyn bach-bach o ddŵr yn nhwll y clo. Roedd y lleidr wedi sychu'r dwrn ond doedd e ddim wedi sychu y tu mewn i dwll y clo. Mae'n siŵr ei fod e wedi sychu'r allwedd cyn ei dodi hi yn y twll, ond doedd e ddim wedi 'i sychu hi'n lân.'

'Rwy'n gweld, Seimon. Ac wrth gwrs; roedd yn rhaid i'r lleidr guddio'r allwedd yn rhywle, oherwydd roedd Mr Meredydd yn chwilio dillad y dynion bob tro roedd wats yn diflannu. A lle da ydy'r tanc dŵr yna. Pwy fase'n meddwl edrych yn hwnna?'

'Ie, pwy fase'n meddwl!'

'Rydyn ni wedi dysgu llawer am yr achos yma'n barod.'

'Ydyn, Gwen. Rydyn ni'n gwybod hefyd fod gan y lleidr

gof da. Mae'n rhaid bod ganddo fe allwedd, ac mae'n rhaid ei fod e wedi gwneud yr allwedd, a hynny dim ond trwy ei *gweld* hi. Dydy'r allwedd ddim wedi bod yn ei ddwylo fe—allwedd Mr Meredydd rwy'n feddwl. Mae e wedi gwneud copi ohoni hi dim ond trwy ei gweld hi yn nwylo Mr Meredydd.'

'Mae'n rhaid ei fod e'n grefftwr da hefyd.'

'O, ydy, mae e'n grefftwr da, Gwen. Dim ond crefftwr da sy'n gallu gwneud y watsys bach aur yma.'

'A nawr rydych chi'n mynd i weithio yn y ffatri, ac un diwrnod fe fydd y lleidr yn dwyn wats arall, ac fe fyddwch chi'n ei ddal e.'

'Gobeithio. A gobeithio na fydd e'n hir cyn mentro. Does arna i ddim eisiau mynd i'r ffatri ddydd ar ôl dydd.'

'Nac oes. Dydych chi ddim yn gwybod eto sut mae'r lleidr yn mynd â'r watsys allan o'r ffatri ar ôl eu dwyn nhw?'

'Na, dydw i ddim yn gwybod hynny eto. A nawr mae arna i eisiau swper. Beth am droi tuag adre, Gwen?'

'Siŵr iawn . . . cariad . . .'

Y ddau ddiwrnod nesaf—dydd Sadwrn a dydd Sul—fe fu Seimon yn brysur iawn yn dysgu sut i wneud watsys. A chwarae teg iddo fe, roedd e'n ddysgwr cyflym iawn.

Bore dydd Llun dyma fe'n mynd i'r ffatri, ond nid yn y Barcud y tro hwn. Gweithiwr oedd e nawr, ac ym mws y gweithwyr yr aeth e i'r ffatri. Ac roedd e wedi newid ei enw hefyd. Jac Huws oedd e nawr . . . Jac Huws i Mr Meredydd a'r gweithwyr yn y ffatri.

Roedd John Meredydd, y perchen, yn aros amdano y tu allan i'r adeilad.

'Bore da, Mr Huws. Dewch i gwrdd â'r gweithwyr eraill,' meddai Mr Meredydd.

Aeth y perchen ag e i mewn i'r adeilad ac i'r ystafell fawr, lle roedd hanner dwsin o weithwyr yn aros amdano . . . yn aros iddo fe ddod i agor y sêff.

Safodd Seimon a Mr Meredydd wrth y drws. Roedd pump o'r dynion yn gofyn cwestiynau i'r chweched dyn, cwestiynau am y chwaraeon pêl-droed dydd Sadwrn, ac roedd y dyn yma'n ateb yn syth.

'Pwy enillodd rhwng Caerdydd a Sunderland, Idwal?'
gofynnodd un o'r dynion.

'Caerdydd—dwy gôl yn erbyn un,' atebodd Idwal yn syth.

'Sawl gôl sgoriodd Dennis Law ddydd Sadwrn?'
gofynnodd un arall.

'Dwy,' oedd yr ateb. 'Un yn yr hanner cyntaf a'r llall bum
munud cyn diwedd y gêm.'

Safodd Seimon a Mr Meredydd a gwylio'r dynion am
funud neu ddwy.

'Fe fydd hi fel hyn bob bore dydd Llun nawr a'r tymor
pêl-droed wedi dechrau,' meddai Mr Meredydd. 'Y dynion
yn holi Idwal, ac yn ei groesholi fe. Mae ganddo fe gof da
iawn. Dim ond edrych ar y sgôrs, ac mae e'n eu cofio nhw i
gyd.'

'O?' meddai Seimon. 'Mae hynny'n help mawr inni. Fe
fydd yn rhaid imi gadw fy llygaid ar Idwal—ei wylio fe'n
ofalus. Ydy e'n grefftwr da?'

'O, ydy. Y gorau yma.'

'O'r gorau, Mr Meredydd. Rhowch fi i weithio gyda fe.'

'Siŵr iawn. Dewch i gwrdd â'r dynion nawr . . .'

Aeth Mr Meredydd ag e at y dynion.

'Dyma Jac Huws,' meddai fe wrth y dynion. 'Mae e wedi
dod yma i weithio. Mae ganddo fe lawer iawn i'w ddysgu, ac
felly, fe fydd e'n gweithio gyda chi, Idwal. Fe fyddwch chi'n
barod i'w helpu fe, Idwal?'

Edrychodd Idwal ar Seimon. Roedd e'n siŵr ei fod e wedi
gweld yr wyneb o'r blaen. Cofiodd a gwenodd. Rhyw wên
fach slei.

A gydag Idwal y bu Seimon yn gweithio trwy'r dydd.
Oedd, roedd Idwal yn weithiwr da, ac fe ddysgodd Seimon
lawer. Fe ddysgodd e lawer am fetio hefyd ac am geffylau, a
pha geffylau i fetio arnyn nhw. Ceffylau oedd hobi Idwal yn
ddigon siŵr.

Chafodd Idwal fawr o siawns i fynd at y sêff yn y bore,
wrth gwrs, oherwydd roedd Seimon gydag e trwy'r amser (ac

wrth gwrs, os Idwal oedd y lleidr!) Ond roedd Seimon yn gwybod bod rhaid iddo fe roi siawns i Idwal fynd at y sêff. Roedd yn rhaid iddo fe roi siawns i Idwal fod ar ei ben ei hun yn yr ystafell. Ond, fel y digwyddodd, fe wnaeth Idwal ei siawns ei hun.

Am dri o'r gloch yn y prynhawn, roedd y dynion yn cael mynd i'r cantîn am gwpanaid o de a bisgedyn. Ar y ffordd i'r cantîn, meddai Idwal wrth Seimon,—

'Mae yna geffyl da'n rhedeg yn y ras hanner awr wedi tri. Rhaid imi roi bet arno fe.'

'Sut rydych chi'n rhoi'r bet? Dydych chi ddim yn mynd allan o'r adeilad?'

'O, na. Mae ffôn yn y lobi wrth y drws mawr. Ffôn i ni'r dynion ydy e. Mae Mr Meredydd yn garedig iawn inni mewn llawer ffordd. Ewch chi i gael cwpanaid. Rydw i'n ffonio.'

'O'r gorau,' meddai Seimon. 'Dewch ymlaen i'r cantîn wedyn. Chi dalodd am gwpanaid y bore yma. Rydw i'n talu y prynhawn yma.'

'O'r gorau,' atebodd Idwal, ac i ffwrdd ag e at y ffôn, ac fe aeth Seimon ymlaen i'r cantîn.

Ar ôl rhyw ddeng munud, fe ddaeth Idwal i'r cantîn am gwpanaid. Sylwodd Seimon ar ei ddwylo. Roedd un llaw'n edrych yn wyn . . . ac yn oer . . . ac yn lân . . .

Aeth y dynion 'nôl at eu gwaith, ond yn araf, araf roedd yr amser yn mynd wedyn i Seimon. Roedd arno fe eisiau gweld pump o'r gloch yn dod.

'Faint o'r gloch ydy hi ar eich wats chi?' gofynnodd Seimon i Idwal.

'Wn i ddim,' atebodd Idwal. 'Mae fy wats i wedi stopio.' Ond dyna gloch y ffatri'n canu.

'Pump o'r gloch,' meddai Idwal. 'Fe fydd Mr Meredydd yma nawr i agor y sêff, ac wedyn, ffwrdd â ni adre, Mr Seimon Prys!'

'Seimon Prys?' meddai Seimon yn syn.

'Ie, ie. Chi ydy Seimon Prys y ditectif. Mi welais i'ch llun chi yn y papur unwaith.' Ac roedd gwên slei yn ei lygaid.

'O? Mae gennych chi gof da.'

'Oes, siŵr. Ydych chi wedi dal y lleidr, Mr Prys? Dyna beth rydych chi'n ei wneud yma, yntê? Treio dal y lleidr sy'n dwyn y watsys.'

'Rydych chi'n gwybod llawer, on'd ydych chi, Idwal. Wel, rydw i'n gwybod pwy ydy'r lleidr.'

'Rydych chi'n gwybod? Pwy ydy e? Fuoch chi ddim yn hir yn cael pwy ydy e.'

'Naddo, fûm i ddim yn hir.'

'Wel, dwedwch, pwy ydy'r lleidr?'

'Chi, Idwal. Chi ydy'r lleidr!'

'Fi? Twt! Rydych chi'n siarad trwy'ch het.'

'A dyma ragor i chi, Idwal. Rydych chi wedi dwyn wats y prynhawn yma hefyd.'

'Byddwch yn ofalus, Mr Prys. Rydych chi'n dweud pethau mawr nawr.'

'Ie,' meddai'r dynion eraill yn yr ystafell, 'byddwch yn ofalus beth rydych chi'n ei ddweud.'

Roedden nhw wedi clywed y geiriau rhwng Seimon ac Idwal, a dyma nhw nawr yn casglu o amgylch y ddau ddyn.

'Mae Idwal mor onest â'r dydd,' medden nhw.

Y funud honno, daeth Mr Meredydd i mewn i'r ystafell. Fe welodd e'r dynion yn sefyll o amgylch Idwal a Seimon.

'Beth ydy'r trwbwl yma?' meddai fe.

'Mae'r dyn yma'n dweud fy mod i wedi dwyn wats heddiw,' meddai Idwal. 'Rwy'n gwybod pwy ydy e. Seimon Prys y ditectif. Ond dydw i ddim wedi dwyn wats.'

'Whiw!' meddai'r dynion. Seimon Prys y ditectif?

'Ydy, mae e wedi dwyn wats,' meddai Seimon, 'ac mae'r wats ar ei berson e nawr.'

'Wel,' meddai Mr Meredydd, 'dydyn ni ddim yn siŵr bod wats wedi diflannu o'r sêff eto. Mae'n rhaid imi edrych yn y sêff.'

Agorodd e'r sêff a rhifo'r watsys. Oedd, roedd un o'r watsys wedi diflannu.

'Oes, mae wats wedi mynd heddiw eto,' meddai Mr Meredydd. 'Fe fydd yn rhaid inni chwilio dillad a phocedi'r dynion i gyd.'

'O'r gorau, chwiliwch fy nillad a'm pocedi i,' meddai

Idwal. 'Edrychwch! Dyma'r cwbwl sydd gen i yn fy mhocedi.'

Ac fe ddechreuodd e dynnu'r pethau allan o'i bocedi.

'F'arian,' meddai Idwal, 'a does dim llawer o hwnna. Pen a phensil. Y llyfr bach yma. (Llyfr betio, sylwodd Seimon.) Hances boced a dyna'r cwbwl.'

Dododd e'r cwbwl ar y bwrdd o'i flaen.

'Gadewch imi weld yr hances boced,' meddai Seimon.

Cymerodd Seimon yr hances a'i hagor hi. Roedd marciau coch arni hi.

'Beth ydy'r coch yma, Idwal?' gofynnodd Seimon.

Roedd Seimon yn gweld ei feddwl e'n gweithio'n gyflym.

'Ym . . . minlliw . . .' meddai fe, 'minlliw y wraig.'

Roedd ei wyneb e'n goch fel tân.

'Chi'n gwybod. Cusan wrth ddod o'r tŷ.'

Chwerthodd y dynion.

'O, na, nid minlliw eich gwraig chi ydy hwn, ond minlliw fy ngwraig i. Roeddwn i wedi dodi'r minlliw ar ddwrn y drws a thu mewn i dwll y clo. Roeddech chi'n agor y sêff y prynhawn yma, dwyn wats, ac wedyn roeddech chi'n sychu'r dwrn er mwyn sychu olion eich bysedd chi i ffwrdd. Dyna sut y daeth y coch yma ar eich hances.'

'O, byddwch yn ddistaw. Rydych chi'n siarad trwy'ch het. Sut roeddwn i'n agor y sêff i ddechrau? Does gen i ddim allwedd i agor y sêff. Dim ond gan Mr Meredydd mae allwedd.'

'Oes, mae gennych chi allwedd. Rydych chi wedi gwneud allwedd. Mae hi nawr yn y tanc dŵr yn y toiled,' atebodd Seimon, 'ac mae'r wats ar eich person chi.'

Edrychodd Idwal yn syn ar Seimon.

'Sut yn y byd . . .' dechreuodd Idwal, ond stopiodd yn sydyn a newid ei diwn. 'Rydych chi'n tynnu fy nghoes, Mr Prys. Does gen i ddim wats. Rydych chi wedi gweld y cwbwl sydd yn fy mhocedi i. Mi dynna i fy nillad i gyd i chi nawr. Fe gewch chi weld wedyn.'

'Does dim eisiau i chi dynnu'ch dillad o gwbwl. Faint o'r gloch ydy hi ar eich wats chi nawr, Idwal? Y wats ar eich arddwrn.'

'Mae fy wats i wedi stopio.'

'Edrychwch ar y wats ar ei arddwrn e, Mr Meredydd. Mae hi'n wats fawr iawn, on'd ydy hi? Dangoswch y wats ar eich arddwrn i Mr Meredydd, Idwal.'

Cododd Idwal ei fraich. Edrychodd Mr Meredydd ar y wats.

'Ydy, mae hi'n wats fawr.'

'Ar ôl dod 'nôl o'r cantîn am chwarter wedi tri, Idwal, rydych chi wedi bod yn edrych ar y wats yna bob rhyw bum munud. Dydy person ddim yn edrych bob pum munud ar wats sydd wedi stopio. Mae rhywbeth rhyfedd ynghylch y wats yna, on'd oes, Idwal?'

'Rhywbeth rhyfedd? Twt! Nac oes.'

'Gadewch i Mr Meredydd wrando arni hi, Idwal,' meddai Seimon.

'Pam, dwedwch? Does dim sŵn ynddi hi.'

'Gadewch i Mr Meredydd wrando arni hi.'

Roedd golwg galed ar wyneb Seimon Prys nawr.

'O, o'r gorau. Dyma'r wats.'

Tynnodd Idwal y wats oddi ar ei arddwrn a'i rhoi i Mr Meredydd.

'Gwrandewch yn ofalus arni hi, Mr Meredydd,' meddai Seimon.

Dododd Mr Meredydd y wats wrth ei glust.

'Mae hi'n mynd. Mae'r wats yn mynd,' meddai fe. 'Ond rhyw dic bach tawel iawn sydd ganddi hi. Tic bach tawel i wats fawr fel hon.'

'Agorwch hi,' meddai Seimon wrtho.

Agorodd Mr Meredydd y wats.

'Wel, ar fy ngair!'

'Rydych chi'n gweld, Mr Meredydd. Nid wats sydd gan Idwal ar ei arddwrn, ond câs. Ac yn y câs mae un o'ch watsys bach aur chi, Mr Meredydd. Rydych chi'n gweld nawr sut mae Idwal yn cario'r watsys allan o'r ffatri.'

'Idwal! ! ' meddai Mr Meredydd gan edrych arno a golwg drist ofnadwy ar ei wyneb. 'Mae'n ddrwg gen i am hyn. *Mae*'n ddrwg gen i. Ond pam, Idwal, pam roedd yn rhaid i chi ddwyn watsys fel hyn. Rydych chi wedi dwyn pymtheg o watsys i gyd.'

Dyn caredig oedd Mr Meredydd, ac O, roedd e'n drist bod un o'i ddynion yn lleidr. Roedd golwg ofnadwy ar wyneb Idwal hefyd.

'Mae'n ddrwg gen i hefyd, Mr Meredydd. Rydw i wedi bod yn ffŵl. Yn ffŵl, Mr Meredydd! Ceffylau a betio ydy'r trwbwl. Ond dyna fe, rydw i wedi cael fy ngwers nawr. Beth rydych chi am ei wneud, Mr Meredydd? Galw'r polîs?'

'Wn i ddim . . . wn i ddim, Idwal. . . . Rydych chi wedi bod yn ffŵl, ond rydych chi'n weithiwr da . . . yn weithiwr da. . . . O, beth wna i, Mr Prys? Dwedwch, Mr Prys.'

'Eich busnes chi ydy hynny, Mr Meredydd. Ond rydw i'n gwybod beth rydw i'n ei wneud. Rydw i'n mynd adre i ddweud yr hanes wrth Gwen.' Yna, meddai fe'n araf gan edrych ar Idwal, 'Mae e wedi dysgu ei wers. Fydd e ddim yn dwyn eich watsys aur chi eto. Da boch chi nawr.'

A cherddodd Seimon Prys allan o'r ystafell.

A beth wnaeth Mr Meredydd? Wel, dyn caredig ydy e . . . dyn caredig dros ben . . .

Y PAROT

9. **fe gafodd Hywel Morris barot**—'Hywel Morris had (or received) a parrot'. *fe* before a verb has no meaning but merely introduces the verb. In conversational Welsh, *mi* is also used. Both *fe* and *mi* are followed by the soft mutation, and they may be used before any tense or person. *cafodd* is 3rd pers. sing. past tense of *cael*.

a dyma pam—and this is why

fydd dim eisiau—there won't be any need

dyma Mrs Morris yn meddwl am rywbeth—a familiar mode of expression in Welsh in describing action or movement. Literally it translates ' and here is Mrs Morris thinking of something '. In English one would say ' Mrs Morris thought of something '
There are many examples of this kind of expression in these stories.

gwneud lle iddyn nhw—note the use of the preposition *i* (*iddyn nhw*); ' to make room *for* them '

na fydda—negative answer, ' I shall not '

Beth sy'n bod arnoch chi?—note the idiom, ' What's the matter with you? ' *Beth sy'n bod?* ' What's the matter? '

gofyn i—the verb *gofyn* (' to ask ') is always followed by the preposition *i*. *Gofynnwch iddo fe*—'Ask him '

Mae'n rhaid i mi—' I must '. Note the idiom—' it is a necessity for me '
Mae'n rhaid i mi, mae'n rhaid i ti, mae'n rhaid iddo fe etc.

10. **Wyt ti ddim wedi clywed?**—' Haven't you heard? ' The interrogative *a* and *oni* are omitted in conversational Welsh.

Os bydd y perchen yn marw—' If the owner dies '. In English the future tense is not permissible after *if*, but the future tense may be used after *os* in Welsh.

Chlywais i mo'r stori—In literary Welsh this would be written *Ni chlywais i (ddim o)'r stori*. In conversation the negative *ni* is rarely used, but the mutation which follows it is kept. *Ddim o* is contracted to *mo*. ' I didn't hear the story.'

yn siarad nerth eu pennau—literally ' talking the strength of their heads ', meaning ' talking their heads off ' or ' talking their loudest '
A similar idiom is ' *nerth eu traed* ' of people running— ' running their fastest '

dewch i weld—in English, of course, ' come *and* see '

11. **fel honna**—' like that one ', the ' one ' referring to someone or something feminine. Masculine form is *hwnna*.

i ffwrdd â Hywel Morris—' away with Hywel Morris ', meaning ' away went Hywel Morris '

doedd e erioed o'r blaen wedi clywed y stori—' he had never before heard the story '.—*oedd* and *wedi* with the verb noun, *clywed*, used to form the pluperfect tense.

12. **Ond atebodd y parot yma ddim**—' but this parrot didn't answer '. Another example of the omission of the negative *ni* (*nid* in this case, since *atebodd* begins with a vowel) before the verb. The negative context of the sentence is shown by the word ' *ddim* '. The negative particle is omitted throughout these stories.

a dim arall—' and nothing else '

Dododd e'r lliain yn ôl dros y cawell a'i gario fe allan o'r garej—' He put the cloth back over the cage and carried it out of the garage '. Note the use of the verb noun ' cario '. When two successive verbs in a sentence in Welsh have the same subject, the verb noun is preferable to the conjugated form of the second verb, e.g. ' He stood up and ran '—*Cododd e a* **rhedeg**, rather than **rhedodd**. Note also how the object of the verb noun is expressed in Welsh when that object is a pronoun. The possessive form of the pronoun is placed before the verb noun, which may be followed by the pronoun itself in an emphatic capacity, e.g. *ei garu fe*—' to love him '

Peidiwch â siarad—literally 'Cease with talking', meaning 'Don't talk'. Forms of *peidio* are always followed by *â* (*ag* before a vowel).

13. **Does dim rhaid ichi ofni o gwbwl**—'there is no need for you to fear at all'. 'At all' expressed in Welsh by *o gwbwl* (or *o gwbl*).

   Chwerthodd Hywel—'Hywel laughed'. The standard spoken form 3rd person sing. past tense of *chwerthin* is *chwerthodd*. Literary form is *chwarddodd*.

   yr hen barot—'you old parrot'

   ach-y-fi—familiar expression of disgust.

14. **fel yna**—'like that'

   meddai Elin a dechrau gosod y ford—'said Elin and she began to lay the table': two successive verbs with same subject; see above.

   dyma nhw'n dod i'r tŷ—'they came into the house'— another example of expression noted above (*page 9*).

15. **nid dyna'r ffordd i siarad**—'that's not the way to speak'

16. **y funud honno**—'at that minute (moment)'

   nhad a mam—'my father and (my) mother'. The possessive pronoun *fy* is lost in everyday speech before *tad* and *mam* but the mutation (nasal) is kept.

   un llwyaid arall—'another spoonful'

   sdim ots gen i—'I don't care'—a familiar phrase in Welsh.

   da bot ti—'may you be well', or simply, 'good be ye'!

16–17. **Pam rydych chi'n dweud 'O, diar' o hyd?**—'Why do you keep on saying "O, dear"?' Note the strength of *o hyd*, denoting 'all the time' or 'always'

17. **Chlywais i erioed y fath ddwli**—'I never heard such nonsense' Note the construction *y fath ddwli*. Also *y fath ddewrder* —'such bravery'; *y fath ddyn*—'such a man'; *y fath beth* —'such a thing'

Sut y gellwch chi ddweud y fath beth?—' How can you say such a thing? '

Aeth wyneb y tad yn wyn—' The father's face turned white '; ' turn ' in English—' go ' in Welsh!

Roedd e'n iawn amser te—' he was alright at tea time '

18.   **lawer gwaith**—' many times '

20. **Dyna fe**—' That's it! '

   Eistedd di—Note the pronoun following the verb (used in the imperative) for emphasis. ' *You* sit down ' or ' Sit down, *you* '.

   ar ben pob peth—' on top of everything '

   Roedd golwg ofnadwy ar y lle—literally ' there was a dreadful look on the place—' the place looked dreadful '

   gwraig y tŷ—' the woman of the house '—' the landlady '

   llety da i fyfyrwyr—note the use of *i* here, meaning ' for '. ' Good lodgings for students '

   aros di—see note on *Eistedd di* above.

   y cwpwrdd acw—' the cupboard yonder '—' that cupboard '

   na neb arall—' nor anyone else '

21. **mi fydda i**—the word *mi* has no meaning. It may be used with the second or third person, singular or plural, as well, e.g. *mi fyddwch chi, mi fyddan nhw.*

   Jac y gŵr—literally ' Jack the husband '—' my husband Jack '

   Gwenu roedd Dafydd—the normal word order would be *Roedd Dafydd yn gwenu,* but to emphasize the ' smiling ', the word *gwenu* is brought to the beginning of the sentence. When this is done, *yn,* which forms the present participle with the verb noun, is unnecessary.

22. **cathod bach**—' kittens ' and not ' little cats '

   ar fy mhen fy hun—' on my own '. Note the idiom. Similarly *ar ei ben ei hun, ar ei phen ei hun,* etc.

   Peidiwch â cholli eich tymer—negative command, ' Don't lose your temper! '

   trwy'r dydd a thrwy'r nos—' all day and all night '

23. **meddai Mrs Thomas wrthi ei hun**—'said Mrs Thomas to herself'. The preposition must have its personal ending, e.g. *wrtho ei hun* or *wrtho'i hun*—'to himself'. *Meddai* is followed by preposition *wrth*.

    Biti bod Dafydd yn mynd—'It's a pity that Dafydd is going'

    Roedd Mrs Thomas mor garedig—'Mrs Thomas was so kind'

    y prynhawn hwnnw—'that afternoon'

24. **Drato!**—exclamation meaning 'Drat it!'

    yntau—emphatic form of 3rd pers. sing. pronoun—minnau, tithau, yntau, hithau, ninnau, chithau, hwythau.

    lle i ddau—'room for two'

    Oes e?—'Is there?'

    Na feindiwch nawr—negative command; 'Never mind now'

    cwpanaid o goffi—It is not correct to say *cwpan o goffi* for 'a cup of coffee'. *Cwpanaid*—'cupful'. Similarly *sachaid o datws*—'sackful of potatoes'

25. **ar ôl yr holl gerdded**—'after all the walking' ('after so much walking'). Note the order of words in *yr holl gerdded*. Similarly *yr holl waith*—'all the work' or 'the whole work'; *yr holl fyd*—'all the world' or 'the whole world'. *I gyd* can be used to express the same meaning, *y gwaith i gyd, y byd i gyd.*

    os gwelwch yn dda—'If you please'

    gwybod beth i'w wneud—'to know what to do'. Note the use the infixed pronoun, *'w*

26. **newydd gyrraedd**—'just arrived', 'newly arrived'

    chwe sigaret y dydd—'six cigarettes a day'. Note that the definite article is used in Welsh, the indefinite article in English. *Ceiniog y pwys*—'penny a pound'

Peidio â smocio—'To stop smoking'

Doedd hi ddim mor ddiniwed chwaith—'She wasn't so innocent either'

Jiw! Jiw!—respectable way of saying '*Duw! Duw!*'! *Duw*—God

y llygaid yna—'those eyes'

27. **o bell**—'from afar'

   crac—colloquial, meaning 'angry'.

   meddai fe gan chwerthin—'said he laughing', *gan* and the verb noun forming the present participle in the same way as *yn* forms the present participle with the verb noun.

28. **Be wnewch chi nawr?**—'What will you do now?'

   Wn i ddim—'I don't know'

29. **ym mreichiau ei gilydd**—'in each other's arms'. Similarly, *roedden nhw'n wynebu ei gilydd*—'they were facing each other'.

NEWID EI FEDDWL

31. **tua thair milltir**—'about three miles'. *Tua* normally means
'towards'. Similarly *tua phump a deugain*—'about forty-
five'

coed ffrwythau—'fruit trees'. Note that the noun used
adjectively is plural, *ffrwythau*, in Welsh. Similarly *coed
afalau*, *coed pêr*, where *afalau* and *pêr* are plural. Note also
siop deganau ('toy shop'), *siop esgidiau* ('shoe shop'),
sioe anifeiliaid ('animal show'), *cwpwrdd llyfrau* ('book-
case')

Does arno fe ddim eisiau car—'He doesn't want a car'.
Many idioms are formed in Welsh with the preposition *ar*
    Mae arna i eisiau—I want, I need
    Mae arna i syched—I am thirsty
    Mae arna i ofn—I am afraid
    Mae arna i eisiau bwyd—I am hungry
The word order may be changed, e.g. *Mae eisiau bwyd
arna i.*

gartre—note the three words *cartre(f)*, *gartre(f)* and *adre(f)*
(The *f* is lost in conversation)
    cartre—home, the name of the place
    gartre—at home
    adre—homewards
    Lle braf ydy cartre—Home is a fine place
    Mae John gartre heddiw—John is at home today
    Rydw i'n mynd adre—I am going home(wards)

Pryd mae'r ddawns yma?—'When is this dance?'

32. **beth bynnag**—'Whatever', 'however'. The two words that
give English people the 'whateffer' complex about Welsh
people!

Dim ond merched sy'n dawnsio—'only girls dance'. *dim
ond*—'only'

pan fyddi di'n cwrdd â merch—'when you meet a girl'. *Pan*
can be followed by the future tense in Welsh.

car pwy?—'whose car?' Similarly *Llyfr pwy ydy hwn?*
'Whose book is this?'

33. **pan ddaw e i mewn**—'when he comes in'

Page

34. **Roedd e wedi blino'n lân**—' he was tired out '. Note the use of *lân* (from *glân*) in this idiom.

Rwy'n gobeithio na fydd y bws yn hir—' I hope the bus won't be long ' (negative noun clause)

canodd dyn y tocynnau y gloch—' the conductor (ticket man) rang the bell '. Note the use of the verb *canu* (to sing). All musical instruments are ' sung ' in Welsh, ' played ' in English.

36. **Roedd hi'n galed iawn arnoch chi**—' It was very hard on you ' Note the use of *hi* for ' it '.
 Faint o'r gloch ydy hi?—What time is it?
 Mae hi'n ddiwrnod braf—It's a fine day
 Mae hi'n bwrw eira—It's snowing

dim o gwbwl—' not at all '

37. **yn reit hapus**—' quite happy '

yn lle dweud—' instead of saying '

38. **Mae e'n fab i'ch ffrind gorau chi**—' He is your best friend's son '. Note the construction—' He is son *to* your best friend '.

39. **imi gael eistedd**—' for me to sit down '

40. **dim ond dal i edrych**—*dal* meaning here ' to continue ' or ' to persist '; ' but continued to look '

42. **Troi arni hi wrth fynd i mewn i'r bws**—note the use of the verb noun *troi* rather than a conjugated form of the verb. ' I turned on it (by or when going) as I was going into the bus '. The verb noun is frequently used thus in Welsh.

Do—the affirmative answer to a question in the simple past tense. The negative answer is *naddo*.

43. **Dyna fydd orau**—' That will be best '

44. **i bawb ei weld**—' for everyone to see it '

fel mae dyn yn gallu newid ei feddwl!—' how a man can change his mind! ' Similarly, *Fel mae'r amser yn mynd!* ' How the time goes! '

WATSYS AUR

45. **mynd am dro**—' to go for a walk ', ' to go for a spin (in a car) '

    mi ddo i nawr—' I will come now '

    y ffatri fach sy'n gwneud—' the little factory which makes ' (adjectival clause)

    costus dros ben—' exceedingly expensive '; *dros ben* is a common idiom: *yn dda dros ben, yn hapus dros ben.*

46. **pwy bynnag ydy'r lleidr**—' whoever the thief is '. Compare *beth bynnag*—' whatever '

    fe gawn ni'r hanes i gyd gan Mr Meredydd—' we shall have all the story from Mr Meredydd '

    Roeddwn i'n meddwl ein bod ni'n mynd i gael rest—' I thought that we were going to have a rest '. Note that ' that we were ' is translated by *ein bod ni*. The present and imperfect tenses of the verb *bod* may not be used in affirmative clauses in Welsh.
    The following table is worth knowing:
    fy mod i—that I am, that I was
    dy fod di—that you are, that you were
    ei fod e—that he is, that he was
    ei bod hi—that she is, that she was
    ein bod ni—that we are, that we were
    eich bod chi—that you are, that you were
    eu bod nhw—that they are, that they were
    bod y bachgen—that the boy is, that the boy was
    bod y plant—that the children are, that the children were
    Frequently *fy* is omitted in speech in *fy mod i*. There are many examples of this *Bod* construction in this story.

    yn fwy pwysig—' more important '

47. **Mae'n dda gen i'ch gweld chi**—' I'm glad to see you '. Note the idiom. Similarly,—*Mae'n ddrwg ganddyn nhw,*—they are sorry: *Mae'n gas ganddo fe*—He dislikes
    Each of these, of course, may be conjugated for all persons, sing. and pl.

Gobeithio y byddwch chi'n llwyddiannus—' I hope that you will be successful '. Noun clause containing future tense of *bod*

Rydw i'n ddig bod y watsys yma'n diflannu—' I am angry that these watches disappear '. Another example of a clause with *bod*.

Mi fûm i'n gweithio—' I worked '. *Bûm* is first pers. sing. simple past tense of *bod* and is used here with the verb noun, rather than the imperfect *roeddwn*, to express an action completed in the past. The simple past tense of *bod* runs—

 bûm i, buost ti, bu e/hi.
 buon ni, buoch chi, buon nhw.

nawrte—' now then '

48. **Maen nhw'n dod â beth bynnag sydd ganddyn nhw i mi**—' They bring whatever they have to me '

ac yn y blaen—' and so on '

sawl wats?—' how many watches? '

hanner can punt yr un—' fifty pounds (£) each '. Rarely does one say *pum deg punt* (£50) or *pum deg o bunnoedd* in Welsh, but *hanner can punt* (' half a hundred pounds '). Note also the expression for ' each '—*yr un*, e.g. *Fe gawson nhw swllt yr un*—' They received a shilling each '. *Yr un* is used when reference is made to money. Compare—*Fe gawson nhw lyfr bob un*—' They each received a book '.

bryd hynny—' then ', ' at that time '

Does neb yn cael rhoi eu dwylo'n agos i'r sêff—Notice the meaning of *cael*: ' No one is *allowed* to put his hands near the safe '.

49. **ar ôl i'r dynion orffen eu gwaith**—' after the men have finished their work '. Note the construction after *ar ôl*—preposition *i* + subject + verb noun.
The same construction is used after other prepositions, e.g. *cyn iddo fe ddod adre*—' before he came home '. Notice that this construction is used to translate various English tenses. *Cyn iddo fe ddod adre* can mean ' before he comes home ' according to the context of the whole sentence.

71

50. **siŵr o fod**—'sure to be'

> **Fe welwch chi mod i'n dweud y gwir**—'You will see that I am telling the truth'. Note that *fy* is omitted before *mod i* which is the usage in conversation.

51. **a rhifo'r watsys bach aur oedd ar y silff uchaf**—'and he counted the little gold watches which were on the top (highest) shelf'. *oedd ar y silff*—adjective clause always introduced in literary language by the relative pronoun *a*, but which is mostly omitted in conversation.

> **Fe gewch chi wybod**—*Fe gewch* here used to express the future, 'You shall know' ('you'll be told')

52. **Pwy fase'n meddwl?**—'Who would have thought?'

> **Roedden nhw'n ŵr a gwraig ers wyth mlynedd**—literally, 'They were man and wife since eight years': ('They had been man and wife for eight years')

> **Fydda i byth**—'I shall never'

55. **pa geffylau i fetio arnyn nhw**—'which horses to bet on'

> **Chafodd Idwal fawr o gyfle**—'Idwal didn't have much of a chance'

56. **Roedd y dynion yn cael mynd**—'The men were allowed to go'

57. **medden nhw**—'they said'

GEIRFA CYMRAEG – SAESNEG

WELSH – ENGLISH VOCABULARY

[m.—masculine   f.—feminine   pl.—plural]

A

a (ac *before vowels*), *and*
â (ag *before vowels*), *with*
acw, *there, yonder*
ach, *ugh!*
achos (achosion), m. *cause, case*
adeilad (adeiladau), m. *building*
adnabod, *to recognise, to know*
aeth e (*from* ' mynd ') *he went*
afal (afalau), m. *apple*
agor, *to open*
  agored—*open*
  ar agor—*open*
anghofio, *to forget*
ail, *second (number)*
allan, *out, outside*
allwedd (allweddau), f. *key*
am, *about, on*
  amdana i   amdanon ni
  amdanat ti   amdanoch chi
  amdano fe/fo amdanyn nhw
  amdani hi
aml, *often, frequent*
amlen (amlenni), f. *envelope*
amser (amserau), m. *time*
  bob amser—*always*
anesmwyth—*uneasy*
anlwc, m. *misfortune*
ar, *on*
  arna i   arnon ni
  arnat ti   arnoch chi
  arno fe/fo   arnyn nhw
  arni hi
araf, *slow*
arall, *other*
  rhywun arall, *someone else*
arbennig, *special*
archwilio, *to search*
arddwrn (arddyrnau), m. *wrist*
arian, m. *money, silver*

arllwys, *to pour*
aros, *to wait, to stay*
arwain, *to lead*
at, *to, towards*
  ata i   aton ni
  atat ti   atoch chi
  ato fe/fo   atyn nhw
  ati hi
ateb, *to answer*
ateb (atebion), m. *answer*
aur, m. *gold*
awr (oriau), f. *hour*
awyr, f. *air, sky*

B

bach, *small*
bachgen (bechgyn), m. *boy*
bag (bagiau), m. *bag*
bar (bariau), m. *bar*
bet (betiau), f. *bet*
betio, *to bet*
beth, pa beth? *what?*
bisgedyn (bisgedi), m. *biscuit*
ble, *where?*
blino, *to tire, to vex*
blodyn (blodau), m. *flower*
blwyddyn (blynyddoedd),
  f. *year*
bod, *to be*
bola (boliau), m. *belly*
bord (bordydd), f. *table*
bore (boreau), m. *morning*
braf, *fine*
braich (breichiau), f. *arm*
brawddeg (brawddegau),
  f. *sentence*
brecwast, m. *breakfast*
brifo, *to hurt, to pain*
bryn (bryniau), m. *hill*
brysio, *to hurry*
busnes, m. *business*
bwrdd (byrddau), m. *table*

73

bwyd (bwydydd), m. *food*
bychan, *small, little*
bydd,—*future tense of* ' bod '
    bydda i   byddwn ni
    byddi di   byddwch chi
    bydd e/o byddan nhw
    bydd hi
bys (bysedd), m. *finger*;
    olion bysedd—*finger-prints*
byth, *ever, always*
byw, *to live*

C

cadair (cadeiriau), f. *chair*
cadw, *to keep*
cae (caeau), m. *field*
cael, *to have, to get, to find*
caled, *hard*
calon (calonnau), f. *heart*
cân (caneuon), f. *song*
canu, *to sing*
capten (capteniaid), m. *capten*
caredig, *kind*
cariad, m. *love*
cario, *to carry*
carped (carpedau), m. *carpet*
cartre, cartref, m. *home*
cas, *horrid, hateful*
câs, m. *case*
casglu, *to collect, to gather*
cau, *to close, to shut*
cawell (cewyll), m. *cage, cradle*
cefn (cefnau), m. *back*
ceffyl (ceffylau), m. *horse*
ceg (cegau), f. *mouth*
cegin (ceginau), f. *kitchen*
ceiniog (ceiniogau), f. *penny*
cerdded, *to walk*
ces, *past tense* cael, *I had, I got*
ciw, m. *queue*
clirio, *to clear*
clo (cloeau), m. *lock*
cloch (clychau), f. *bell*
cloi, *to lock*
clust (clustiau), f. *ear*
clywed, *to hear*

cnoc, m. f. *knock*
codi, *to raise, to rise*
coeden (coed), f. *tree*
coes (coesau), f. *leg*
cof (cofion), m. *memory*
coffi, m. *coffee*
coleg (colegau), m. *college*
colli, to *lose*
copïo, *to copy*
corcyn (cyrc), m. *cork*
cornel (cornelau, corneli),
    m. f. *corner*
costio, *to cost*
costus, *expensive, dear*
côt (cotiau), f. *coat*
    côt fawr, *overcoat*
cownter, m. *counter*
cras, *harsh*
credu, *to believe*
crefftwr (crefftwyr),
    m. *craftsman*
croesffordd (croesffyrdd),
    f. *crossroads*
croesholi, *to cross-examine*
croesi, *to cross*
croeso, m. *welcome*
curo, *to beat, to knock*
cusan (cusanau), m. f. *kiss*
cwbl, cwbwl, m. *all, whole*
cwestiwn (cwestiynau),
    m. *question*
cwm (cymoedd), m. *valley*
cwpanaid (cwpaneidiau),
    m. *cupful*
cwpwrdd (cypyrddau),
    m. *cupboard*
cwrdd, *to meet*
cyd-ddigwyddiad,
    m. *coincidence*
cyfan, m. *the whole*
cyflym, *swift, fast*
cymryd, *to take*
cyn, *before*
    cyn bo hir, *before long*
cynnes, *warm*
cyntaf, *first*
cysurus, *comfortable*

74

CH

chi, chwi, *you*
chwaith, *either, neither*
chwarae, *to play*
chwarae (chwaraeon), f. *game*
chwaraewr (chwaraewyr),
  m. *player*
chwarter (chwarteri), m. *quarter*
chwerthin, *to laugh*
chwilio (am), *to look (for),*
chwyddo, *to swell*
chwys, m. *perspiration, sweat*
chwysu, *to sweat, to perspire*
chwythu, *to blow*

D

da, *good*
dacw, *yonder, there is (are)*
daeth e, *from* dod, *he came*
dagrau (pl. of deigryn), m. *tear*
dal, *to catch, to hold,*
  to continue
dan (*also* o dan), *under*
  o dana i   o danon ni
  o danat ti o danoch chi
  o dano fe/fo o danyn nhw
  o dani hi
darn (darnau), m. *piece, part*
dau, m. *two*
dawns (dawnsiau), f. *dance*
dawnsio, *to dance*
deall, *to understand*
dechrau, *to begin*
derbyn, *to receive*
deuddeg, *twelve*
deugain, *forty*
di, *thou*
diferyn (diferion), m. *drop*
diflannu, *to disappear*
dig, *angry*
digalon, *depressed, dispirited*
digon, *enough*
digwydd, *to happen*
dilyn, *to follow*
dillad, m. pl. *clothes*
dim, m. *anything, nothing*
diniwed, *innocent*

diog, *lazy*
diolch, *to thank*
disgyn, *to descend*
distaw, *silent*
ditectif, m. *detective*
diwedd, m. *end*
  o'r diwedd, *at last*
diwethaf, *last*
diwrnod, m. *day*
dod, *to come*
dod â (ag), *to bring*
dodi, *to put, to place*
drafft (drafftiau), f. *draught*
dros, *over*
  drosto i   droston ni
  drosto ti   drostoch chi
  drosto fe   drostyn nhw
  drosti hi
drwg, *bad, wicked*
drws (drysau), m. *door*
du, *black*
dweud (wrth), *to say (to)*
dwl, *dull, stupid*
dwli, m. *nonsense*
dŵr (dyfroedd), m. *water*
dwrn (dyrnau), m. *fist*
  dwrn drws, m. *door knob*
dwy, f. *two*
dwyn, *to steal*
dychryn, m. *fright, terror*
dychryn, *to frighten,*
  to be frightened
dyma, *here is (are)*
dyn (dynion), m. *man*
dyna, *there is (are)*
dynes, f. *woman*
dysgu, *to learn*

E

e, ef (*also* fe), *he*
edrych (ar), *to look (at)*
ei, *his, her*
eich, *your*
ein, *our*
eisiau, m. *need*
  mae arna i eisiau, *I want*
eistedd, *to sit*

75

ennill, *to win*
enw (enwau), m. *name*
er, *for, since*
   er mwyn, *for the sake of,*
   in order to
erbyn, *by, against*
   erbyn hyn, *by this time*
   yn erbyn, *against*
erioed, *ever*
ers, *since*
esgid (esgidiau, sgidiau),
   f. *shoe, boot*
eto, *again, still*

F

faint, *how many, how much*
   faint o arian, *how much*
   money
fe, *he, him*
fel, *like*
   fel hyn, *like this*
felly, *so, therefore*
fy, *my*
fyny, *up, upwards*
   i fyny, *up, upwards*

FF

ffaith (ffeithiau), f. *fact*
ffatri (ffatrïoedd), f. *factory*
ffein, *fine, kindly*
ffender, f. *fender*
ffidlan, *to fiddle, to waste time*
fflachio, *to flash*
ffôn, f. *telephone*
ffonio, *to telephone*
ffordd (ffyrdd), f. *way, road*
ffrind (ffrindiau), m. *friend*
ffrog (ffrogiau), f. *frock, dress*
ffrwyth (ffrwythau), m. *fruit*
ffrynt, *front*
ffwrdd, *away*
   mynd i ffwrdd, *to go away*
   i ffwrdd ag e, *away he goes*
   (*went*)

G

gadael, *to leave*
gair (geiriau), m. *word*
galw, *to call*
gallu, *to be able*
   Rwy'n gallu gweld, *I can see*
gan, *with, by, from*
   gen i
   gent ti
   ganddo fe
   ganddi hi
   gynnon ni   gennyn ni
   gynnoch chi   gennych chi
   gynnon nhw   ganddyn nhw
   mae gen i, *I have, I possess*
gardd (gerddi), f. *garden*
garej, f. *garage*
gât (gatiau), f. *gate*
gêm (gêmau), f. *game*
gilydd, *as in* ei gilydd, *each*
   other
glân, *clean*
   wedi blino'n lân—*tired out*
glas, *blue* (*green*)
gobeithio, *to hope, I hope*
gofalu (am), *to look (after)*
gofalus, *careful*
gofyn (i), *to ask*
gôl, f. *goal*
golchi, *to wash*
golwg, f. *sight*
gonest, *honest*
gorau, *best*
   o'r gorau—*very well, alright*
gorffen, *to finish*
gorffwys, *to rest*
gorwedd, *to lie down*
gosod, *to put*
   gosod y ford, *to lay the table*
gwag, *empty*
gwaith, m. *work*
gwallt, m. pl. *hair (of the head)*
gwan, *weak*
gwddw (gyddfau), m. *neck,*
   throat
gwefus (gwefusau), f. *lip*

gweiddi, *to shout*
gweithio, *to work*
gweld, *to see*
gwely (gwlâu), m. *bed*
gwella, *to get better*
gwên (gwenau), f. *smile*
gwenu, *to smile*
gwers (gwersi), f. *lesson*
gwlad (gwledydd), f. *country*
gwir, m. *truth*
gwir, *true*
   wir, yn wir, *indeed*
gwisgo, *to dress*
gŵr (gwŷr), m. *man, husband*
gwraig (gwragedd), f. *woman, wife*
gwrando (ar), *to listen (to)*
gwybod, *to know*
gwydr, m. *glass*
gwylio, *to watch*
gwynt (gwyntoedd), m. *wind*
gyd, *as in* i gyd, *all*
   y plant i gyd, *all the children*
gyda, *with*
gyrru, *to drive*

hew, *gee!*
hëyrn (pl. *of* haearn), *irons*
   hëyrn tân—*fire irons*
hi, *she, her*
hir, *long*
hobi (hobïau), m. *hobby*
hoff, *fond, favourite*
hoffi, *to like*
hongian, *to hang*
holi, *to question*
holl, *all*
   yr holl wlad, *all the land*
honna, *she (yonder), that one* (f)
hun, *self*
   ei hun, *himself*
   ei enw ei hun, *his own name*
hwyr, *late*
hyfryd, *pleasant*
hyd, *as in* o hyd, *always, still*;
   ar hyd, *along*
hyn, *this, these*
hyrdi-gyrdi, *hurdy-gurdy*

I

i, fi, *I, me*
i, *to, into, for*
   i mi, i fi   i ni
   i ti   i chi
   iddo fe/fo   **iddyn nhw**
   iddi hi
i fyny, *up*
i ffwrdd, *away*
i lawr, *down*
i mewn i, *into*
i gyd, *see* gyd
iawn, *very*
   da iawn, *very good*
iawn, *correct, right*
   yr ateb iawn, *the right answer*
ie, *yes*
iechyd, m. *health*
ifanc, *young*
Iwerddon, *Ireland*

H

hances (hancesi),
   f. *handkerchief*
handi, *handy, useful*
hanes (hanesion), m. *history, story*
hanner (haneri), m. *half*
heb, *without*
   hebddo i   hebddon ni
   hebddo ti   hebddoch chi
   hebddo fe/fo hebddyn nhw
   hebddo hi
heddiw, *today*
hefyd, *also, as well*
helpu, *to help*
hen, *old*
heno, *tonight*
heol (heolydd), f. *road, street*
   heol fawr, *main street*

L

lan, *up*
lawnt (lawntiau), f. *lawn*
lobi, m. *lobby*
lôn (lonydd), f. *lane*
lwc, f. *luck*
lwcus, *lucky*

LL

llais (lleisiau), m. *voice*
llall, *other*
llaw (dwylo), f. *hand*
llawer, *many*
  llawer dyn, *many men*
  llawer o ddynion, *many men*
llawn, *full*
llawr (lloriau), m. *floor*
lle (lleoedd), m. *place*
lleidr (lladron), m. *thief*
llen (llenni), f. *curtain*
llestr (llestri), m. *dish*
llety (lletyau), m. *lodging*
lliain (llieiniau), m. *cloth*
  lliain sychu, *towel*
lliw (lliwiau), m. *colour*
Lloegr, *England*
llofft (llofftydd), f. *upstairs*
llongwr (llongwyr) m. *boatman*
llwy (llwyau), f. *spoon*
  llwy de, *teaspoon*
llwyaid, f. *spoonful*
llwyddiannus, *successful*
llwyddiant, m. *success*
llyfr (llyfrau), m. *book*
llygad (llygaid), m. *eye*
llyncu, *to swallow*
llythyr (llythyrau), m. *letter*

M

mab (meibion), m. *son, boy*
mam (mamau), f. *mother*
man (mannau), m. f. *place*
  yn y man, *soon*
  nawr ac yn y man, *now and
then*

marw, *to die*
mater (materion), m. *matter*
math (mathau), m. *kind, sort*
mawr, *large, big*
meddai fe (wrth), *he said (to)*
meddal, *soft*
meddyg (meddygon), m. *doctor*
meddwl (meddyliau), m. *mind,
thought*
meddwl, *to think, to intend*
mentro, *to venture*
merch (merched), f. *girl.
daughter*
mewn, *in*
  i mewn i, *into*
milltir (milltiroedd), f. *mile*
minlliw, m. *lipstick*
mis (misoedd), m. *month*
miwsig, m. *music*
mo, dim o, *nothing of*
modryb (modrybedd), f. *aunt*
moddion, m. *medicine, physic*
mor, *so, as (the sign of the
equative degree)*
môr (moroedd), m. *sea*
munud (munudau), f. *minute*
mwg, m. *smoke*
mwy, *more*
myfyriwr (myfyrwyr),
m. *student*
mynd, *to go*
  mynd â (ag), *to take*

N

'n, *for* ein, *our*
'n, *for* yn, *in*
na, *no*
naw, *nine*
nawr, *now*
nawrte, *now then!*
neb, *anyone, no one*
neidio, *to jump*
neis, *nice*

78

nerf (nerfau), m. *nerves*
nerth, m. *strength*
nesaf, *next*
neu, *or*
neuadd (neuaddau), f. *hall*
newid, *to change*
newydd, *new*
newyddion, m. pl. *news*
nôl, *to fetch*
'nôl, yn ôl, *back*

O

o, *from, of, out of*
   ohono i   ohonoch chi
   ohonot ti   ohonon ni
   ohono fe/fo   ohonyn nhw
   ohoni hi
   oddi ar, *from off*
   o amgylch, *about, around*
   o flaen, *in front of, before*
   o gwmpas, *about, around*
   o'r diwedd, *at last*
   o'r gorau, *very well, O.K.*
ochr, ochor (ochrau), f. *side*
od, *odd, strange*
oed, f. *age*
   pymtheng mlwydd oed—
   fifteen years old
oedd e, roedd e, *he was*
   roeddwn i   roedden ni
   roeddet ti   roeddech chi
   roedd e/o   roedden nhw
   roedd hi
oer, *cold*
oes (oesoedd), f. *age, lifetime*
oes, *is.* Oes arian yn y sêff?—
   Is there money in the safe?
ofnadwy, *terrible, dreadful*
ofn (ofnau), m. *fear*
   mae arna i ofn, *I am afraid*
ofni, *to fear*
ofnus, *timid*
ôl (olion), m. *track;*
   olion bysedd, *finger-prints;*
   ar ôl—*after*

olaf, *last*
olreit, *alright*
ond, *but*
os, *if*

P

pa, *what? which?*
   pa un, *which one*
palas (palasau), m. *palace*
pam, paham, *why*
pan, *when*
papur (papurau), m. *paper*
paratoi, *to prepare*
parlwr, m. *parlour*
parot, m. *parrot*
pawb, *everybody*
pedwar, *four*
peidio â (ag), *to cease, to stop*
pêl-droed, f. *foot-ball*
pell, *far*
pen (pennau), m. *head, end*
   ar ben, *on top of, at an end*
   ar ei ben ei hun, *on his own,*
      by himself
   da dros ben, *exceedingly good*
pêr, f. pl. *pears*
perchen (perchenogion),
   m. *owner*
person (personau), m. *person*
pert, *pretty*
peswch, *to cough*
peth (pethau), m. *thing*
piano, m. *piano*
piti, m. *pity*
plannu, *to plant*
plentyn (plant), m. *child*
pob, *each, every, all*
   pob un, *each one, everyone*
pobol, pobl, f. *people*
poced (pocedi), m. f. *pocket*
polîs, m. *police*
potel (poteli), f. *bottle*
preifat, *private*
proffesiynol, *professional*
proffid, m. *profit*

pryd (prydiau), m. *time*
 ar y pryd, *at the time*
 ar brydiau, *at times*
 mewn pryd, *in time*
 yr un pryd, *the same time*
pryd? *when?*
prynhawn, m. *afternoon*
prynu, *to buy*
prysur, *busy*
pump, *five*
punt (punnoedd), f. *pound (£)*
pwy? *who?*
pwyntio, *to point*
pwysig, *important*
pymtheg, pymtheng, *fifteen*
pythefnos, f. *fortnight*

R

ras (rasys), f. *race*
reit, *right*
roedd, *see* oedd
rownd, *round, around*
rwy, rydw i, *I am*
rwyt ti, rydwyt ti, *you are* (s)
rydyn ni, *we are*
rydych chi, *you are*
rygbi, *rugby football*

RH

rhacs, pl. *rags*
rhagor, *more*
 rhagor o waith, *more work*
rhai, *some*
 mae rhai'n dweud, *some say*
 rhai pobol, *some people*
rhaid, m. *need, necessity*
 mae'n rhaid i mi, *I must*
rhain, rhai hyn, *these*
 mae'r rhain yn dda,
 these are good
rhannu, *to share, to divide*
rheswm (rhesymau), m. *reason*
rhif (rhifau), m. *number, figure*
rhifo, *to count*
rhoi, *to give, to put*
rhwbio, *to rub*

rhwng, *between*
 rhyngddo i   rhyngddon ni
 rhyngddot ti rhyngddoch chi
 rhyngddo fe/fo
       rhyngddyn nhw
 rhyngddi hi
rhy, *too*
 rhy fawr, *too big*
rhyfedd, *strange*
rhyw, *some*
 rhyw ddyn, *some man*
rhywbeth, *something*
rhywle, *somewhere, anywhere*
rhywun, *someone, anyone*

S

saith, *seven*
sâl, *ill, sick*
sawdl (sodlau), m. f. *heel*
sawl, *how many?*
 sawl dyn oedd yno?
 How many men were there?
sbo, *I suppose*
sedd (seddau), f. *seat*
sefyll, *to stand*
sêff, f. *safe*
seicolegwyr, m. pl. *psychologists*
sesiwn, f. *session*
sêt (seti), f. *seat*
sgarff, f. *scarf*
sgidiau, esgidiau, f. pl. *shoes.
 boots*
sgôr, f. *score (result of game)*
siarad (â, ag), *to talk (to)*
siawns, f. *chance*
sigaret (sigaretau), f. *cigarette*
silff (silffoedd), f. *shelf*
 silff-ben-tân, *mantlepiece*
sinema, f. *cinema*
sioc, f. *shock*
siomedig, *disappointed*
siŵr, *sure*
 siŵr ichi, *for sure*
slei, *sly*
sliper (sliperi), f. *slipper*

80

smocio, *to smoke*
sôn, m. *mention, sign, rumour*
sôn (am), *to mention, to talk*
  (*about*)
stiff, *stiff*
stiwdent, m. *student*
stôl (stolion), f. *stool, chair*
stori (storïau), f. *story*
stryd (strydoedd), f. *street*
stwff, m. *stuff*
Sul, m. *Sunday*
sur, *sour*
sut, *how? what kind of?*
  Sut rydych chi'n mynd?
  How are you going?
  Sut ddyn ydy e?
  What kind of a man is he?
Swistir, Y Swistir, *Switzerland*
sŵn, m. *noise, sound*
swnio, *to sound*
swyddfa (swyddfeydd), f. *office*
sychu, *to dry, to wipe*
sydyn, *sudden*
sylwi, *to notice*
symud, *to move*
syn, *amazed, amazing*
syth, *straight, direct*

T

taclus, *tidy*
tair, f. *three*
tal, *tall*
talcen (talcennau), m. *forehead*
talu, *to pay*
tan, *until*
tân (tanau), m. *fire*
tawel, *quiet*
tawelwch, m. *quiet*
tebyg (i), *like*
  yn debyg i chi, *like you*
teg, *fair, fine*
teimlo, *to feel*
teledu, m. *television*
teulu (teuluoedd), m. *family*
tew, *fat*

tîm (timau), m. *team*
tipyn, m. *bit, little*
tiwn, f. *tune*
tlws, *pretty*
toc, *soon*
tocyn (tocynnau), m. *ticket*
toiled, m. *toilet*
torri, *to break, to cut*
tre, tref (trefi), f. *town*
treio, *to try*
trên (trenau), m. *train*
tri, m. *three*
trist, *sad*
tro (troeon), m. *turn*
  un ar y tro, *one at a time*
  eich tro chi, *your turn*
troed (traed), f. *foot*
troi, *to turn*
truan (truain), m. *wretch*
  Druan ohono! *Poor wretch!*
trwbwl, m. *trouble*
trwm, *heavy*
trwy, *through*
  trwyddo fi   trwyddon ni
  trwyddot ti   trwyddoch chi
  trwyddo fe   trwyddyn nhw
  trwyddi hi
trwyn (trwynau), m. *nose*
tu, m. *side*
  y tu allan, *outside*
  y tu mewn i, *inside*
  y tu ôl i, *behind*
tua, tuag, *towards*
  tuag at, *towards*
twll (tyllau), m. *hole*
  twll y clo, *key-hole*
twp, *stupid*
twt, *tidy, neat*
tybed, *I wonder*
tyfu, *to grow*
tymer (tymherau), f. *temper,*
  temperament
tymor (tymhorau), m. *season*
tynnu, *to pull, to draw*
  tynnu llun, *to photograph*
  to make a drawing
tywyll, *dark*

81

U

uchel, *high*
un, *one*
unwaith, *once*

W

wats (watsys), f. *watch*
wedi, *after*
wedyn, *afterwards, then*
weithiau, *sometimes*
wel, *well!*
wir, yn wir, *indeed*
wrth, *by, with*

wrtho i	wrthon **ni**
wrthot ti	wrthoch **chi**
wrtho fe/fo	wrthyn nhw
wrthi hi	

wrth gwrs, *of course*
wyneb (wynebau), m. *face*
wyth, *eight*

Y

y, yr, 'r, *the*
ychydig, *few, little*
  ychydig o ddynion, *few men*
  ychydig o fara, *a little bread*

yfed, *to drink*
yfory, *tomorrow*
ynghau, *closed*
  mae'r siop ynghau,
  the shop is closed
ynghylch, *concerning, about*
yma, *here, this*
  y bachgen yma, *this boy*
ymhell, *far, distant*
ymhobman, *everywhere*
ymlaen, *forward*
ymolchi, *to wash (oneself)*
  ystafell ymolchi, *bathroom*
yn, *in*

yno i	ynon ni
ynot ti	ynoch chi
ynddo fe/fo	ynddyn nhw
ynddi hi	

yna, *there, then, that*
  y bachgen yna, *that boy*
yno, *there, hither*
yntau, *he, he too (emphatic)*
yntê, onid e, *isn't it?*
Yr Alban, *Scotland*
ysgol (ysgolion), f. *school*
ysgrifennu, *to write*
ystafell (ystafelloedd), f. *room*